はじめて日本語を教える人のための

なっとく 知っとく 初級文型50

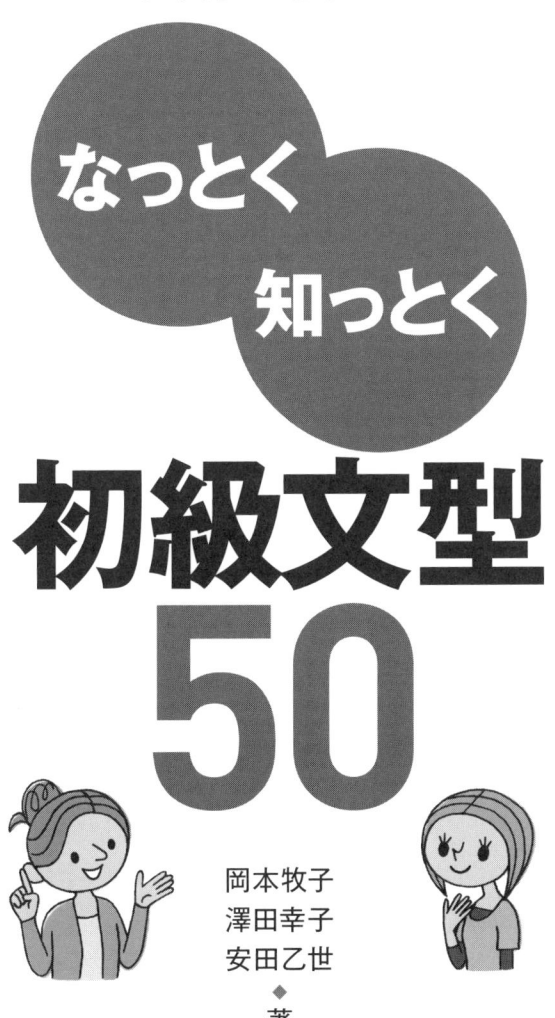

岡本牧子
澤田幸子
安田乙世
◆
著

スリーエーネットワーク

© 2009 by Okamoto Makiko, Sawada Sachiko and Yasuda Otoyo

All rights reserved. No part of this publication may be reproduced, stored in a retrieval system, or transmitted in any form or by any means, electronic, mechanical, photocopying, recording, or otherwise, without the prior written permission of the Publisher.

Published by 3A Corporation.
Trusty Kojimachi Bldg., 2F, 4, Kojimachi 3-Chome, Chiyoda-ku, Tokyo 102-0083, Japan

ISBN978-4-88319-496-4 C0081

First published 2009
Printed in Japan

はじめに

　日本で暮らす外国人が年々増加し、生活する上で、あるいは仕事の場面で日本語を必要としている人が増えています。また、海外でもたくさんの人が日本語を学んでいます。それに伴い、日本語を教えたり、学習をサポートしたりする機会も多くなってきています。

　この本は、みなさんが日本語教師や日本語ボランティアとして、友人や隣人として外国人に日本語を教えることになったときに、知っていれば役に立つ（知っとく）初級文型のポイントをわかりやすくまとめたものです。また、日本語を学ぶ人たちの視点から日本語を見ることで、ふだん何気なく使っている日本語の意味や使い方に、「あっ、そうか」「へえ、そうなんだ」と気づく（なっとく）きっかけがいっぱい詰まっています。

　文法の本というと「難しい」「おもしろくない」と思われがちですが、本書は、登場する3人のキャラクターのやり取りを読みながら、時にはそのやり取りに参加していろいろ考えるうちに、初級文型の知識が得られる'読みやすく楽しい文法の本'です。

　この本が、これから日本語を教えようと思っているあなた、今、日本語を教えているあなた、日本語に興味を持っているあなたの役に立ち、日本語を学ぶ人たちへの日本語習得支援の活動がさらに広がることを願っています。

　最後に、この本の作成にあたって有益なご助言をいただき、出版にご尽力いただいたスリーエーネットワークの山本磨己子さん、佐野智子さん、楽しいイラストを描いてくださった浅羽壮一郎さんに心からお礼申し上げます。

2009年3月　　著者一同

この本をお使いになるみなさんへ

この本の構成

◆1〜50課
初級文型の中から主要なものを50取り上げました。文型はそれが表す意味によって大きく分類されています。

◆番外編
動詞のグループ、活用形について説明してあります。

◆巻末資料
本書に出てくる文法用語の解説と索引があります。

登場人物

日本語の先生。文型について考えるためにみなさんに問いかけたり、ヒントを出したりします。文型の意味や使い方をわかりやすく説明します。

日本語にとても興味がある日本人。日本語を教え始めたばかりで、先生に聞きたいこと、わからないことがいっぱいです。

日本語を勉強しているポールさん。彼の間違いや質問が外国語として日本語を見る視点を教えてくれます。

各課の構成と使い方

◆まずはここから
その文型がどんな場面や発話意図で使われているのかを、会話とイラストで表しています。会話文に使われている文型に下線を引くという作業をすることで文型がしっかり認識できるでしょう。

◆ポイントをおさえよう
〈考えよう〉 具体的な例題です。すぐに後の説明を読まないで、まずは自分で考えてみることが大切です。「こうじゃないかな」と自分なりの答えを出してから、その続きを読みましょう。そうすれば、一層理解が深まるでしょう。
〈ポイント〉 その文型のポイントを簡潔にまとめてあります。一度読んだあとで「あれはどうだったかな」と思ったとき、この部分だけを読み返して内容を確認することもできます。

◆もうちょっとやってみよう
学習者がよく間違えるところや似ている表現との比較、初級ではあまり取り上げられない用法などについて説明しています。

◆コラコラコラム
日本語教師の経験談や日本語にまつわるおもしろい話の欄です。どれも日本語を外国語として考えるヒントになるエピソードです。気楽に楽しんで読んでください。

もくじ contents

はじめに ……………………………………………………………………… 3
この本をお使いになるみなさんへ ……………………………………… 4

● 話し手の気持ちや意志を表す

1　もっと時間がほしい／晩ご飯、何、食べたい？ …………………… 10
　　　　　＊コラコラコラム　　「が」それとも「を」？
2　家賃の5か月分の敷金を払わなければならないんだって！ ……… 16
3　旅行しようと思うんだ ………………………………………………… 20
　　　　　＊コラコラコラム
　　　　　「〜（よ）う＋と思う」の反対は何と言う？…なかなか言えない
　　　　　「〜ないでおこう」
4　日曜日は京都に行くつもりなんだ …………………………………… 24
　　　　　＊コラコラコラム
　　　　　「〜（よ）う＋と思う」と「〜つもりだ」って使い分けている？
5　どうしても100点取りたかったんです ……………………………… 30
　　　　　＊コラコラコラム
　　　　　学習者にとっての「わかりやすい日本語」とは？…ティーチャー
　　　　　トークを知っていますか。

● 他者との関係や立場を表す

6　誕生日に何もくれなかったのよ ……………………………………… 34
　　　　　＊コラコラコラム　　先生、これ、あげます！
7　僕が運んであげるよ …………………………………………………… 40
8　僕、今日先生に褒められたんだ ……………………………………… 44
9　帰りましたら、太郎に電話させます ………………………………… 50
　　　　　＊コラコラコラム　　だれがそれをする？
10　1時間も待たされた …………………………………………………… 56

● 可能を表す

11　ビールなら少しは飲むことができるんですが …………………… 60

● 聞き手に働きかける表現

12　どうぞ、食べてください ……………………………………………… 64
　　　　　　　＊コラコラコラム　　ケンカのときに何と言う？
13　推薦状を書いていただけませんか …………………………………… 68
14　一緒に飲みに行きませんか …………………………………………… 72
15　ちょっと運動したほうがいいんじゃない？ ………………………… 76
　　　　　　　＊コラコラコラム　　「～たほうがいい」の否定は？
16　今日のテストは辞書を見てもいいですか …………………………… 80
　　　　　　　＊コラコラコラム
　　　　　　　「許可」ではない「～てもいい」の使い方とは？

● 事柄の確かさをどうとらえるかや伝聞を表す

17　曇っているから、雨が降るかもしれないよ ………………………… 84
18　やっと、寝たようだね ………………………………………………… 88
19　イチゴのケーキだ。おいしそう！ …………………………………… 92
　　　　　　　＊コラコラコラム　　きれいなものは、きれい！
20　田中さんは沖縄に行くそうですよ …………………………………… 98
21　ソファーの上にあるはずよ ………………………………………… 102
　　　　　　　＊コラコラコラム
　　　　　　　「やっぱりね」の「はず」…あとからわかった根拠

● 動作の進行段階や状態を表す

22　今、化粧しているから、ちょっと待ってよ ……………………… 106
23　部屋の電気がついている …………………………………………… 110
24　ビールはちゃんと冷やしてあるよ ………………………………… 114
25　宿題は今日中にやってしまいなさいよ …………………………… 118
26　ガソリンを入れておくよ …………………………………………… 122

27　今、来たところ… ……………………………………………………… 126
　　　　　　　＊コラコラコラム
　　　　　　　　危うく車にひかれるところでした…起こらなかった「ところ」
28　3か月前に引っ越してきたばかりです ……………………………… 130
　　　　　　　＊コラコラコラム
　　　　　　　　「ばかり」がたくさん！　「ばかり」ばっかり

● 経験を表す

29　ハワイに行ったことがありますか ……………………………………… 134

● 試みを表す

30　パクさんの家に行ってみます ……………………………………………… 138

● 並行する動作、状態を表す

31　歩きながら話しませんか ………………………………………………… 142
　　　　　　　＊コラコラコラム　　傘、さしながら…？
32　新幹線に乗って食べよう ………………………………………………… 148
33　洗濯したり、料理を作ったりしてくれます ………………………… 152

● 行為や出来事の前後関係、時を表す

34　印鑑を押して、3番の窓口に出してください ……………………… 156
35　原作を読んでから見たほうがおもしろいよ ……………………… 160
36　白いカプセルは食事するまえに飲んでください ………………… 164
37　ハワイへ行ったとき、買ったんだ …………………………………… 168
　　　　　　　＊コラコラコラム
　　　　　　　　寝ている？　寝ていた？　ときに、地震が起きた

● 理由・原因を表す

38　今日は車で来ているから …………………………………………………… 172
39　お席をご用意いたしますので、少々お待ちください ……………… 176

| 40 | 君と出会えてよかった | 180 |

● 条件を表す

| 41 | 1億円当たったら、仕事を辞めるぞ | 186 |

＊コラコラコラム
友達が立っていたのはドアを開けたとき？

42	時がたてば、忘れるよ	192
43	この曲を聴くと、青春時代がよみがえるの	198
44	焼くならアジ、煮つけるならカレイ	202

● 目的・目標を表す

45	条件のいい仕事に就くために勉強しています	206
46	忘れないようにしっかりメモしておいてくださいね	210
47	レジ袋はもらわないようにしているの	214

● 変化を表す

| 48 | ほら、乗れるようになったんだよ | 216 |

＊コラコラコラム　「～ようになる」の否定は？

● 逆接を表す

| 49 | 雨が降っても、あるんですか | 220 |
| 50 | こんなに働いているのに、貯金が増えないのはどうして？ | 224 |

番外編	動詞について	228
巻末資料	用語解説	234
	索引	237
参考文献		241

1

もっと時間**がほしい**
晩ご飯、何、食べたい？

● まずはここから

「○○がほしい」「○○たい」という表現を使った部分に下線を引きましょう。

1
A：最近忙しくて。もっと時間がほしいなあ。
B：わたしは時間よりお金がほしい。

2
A：晩ご飯、何、食べたい？
B：おいしいもの。

「～がほしい」「～たい」は希望を表す表現です。「～」に名詞がくるか、動詞がくるかによって、「～がほしい」「～たい」という2つの表現を使い分けるのが、日本語の特徴です。ほかにも特徴があるんですが、それは何でしょうか。ヒントは「主語」と「疑問文」です。

● ポイントをおさえよう

[　　　　　主語はだれ？　　　　　]

ポールさんの言い方はどこがおかしいでしょうか。

ポールさんは今、何か買いたいものがありますか。

僕はハイビジョンテレビを買いたいけど、妻は大型冷蔵庫を買いたいです。

「妻は大型冷蔵庫を買いたいです」が、ちょっと変です。

そうですね。日本語では「～がほしい」「～たい」はわたし、つまり話し手の希望しか表せないんです。では、妻の希望を言うにはどう言えばいいですか。

「妻は買いたいと言っています」「買いたいそうです」とか「買いたがっています」とか言いますね。

英語や中国語では「妻は冷蔵庫を買いたいです」って言えるんだけどなあ。

日本語では、ほかの人の希望を「Aさんは買いたい」と直接断定する言い方はできず、「買いたいと言っている」のような間接的な言い方をするということですね。

「～がほしい」「～たい」の運用上の注意点

「～がほしい」「～たい」は話し手（わたし、わたしたち）の希望を表す。第三者（○○さん、彼など）を主語にして「～がほしい」「～たい」と言うことはできない。

[「～がほしいですか／～たいですか」と聞いてもいい？]

次の会話の下線部分のポールさんの言い方について、どう思いますか。

ポールさんは旅行するとしたら、どこへ行きたい？  スペインへ行きたいなあ。

何を見ているの？  あ、課長。田中さんの旅行の写真です。課長もご覧になりたいですか。

田中
（同僚）

課長

うーん。もしわたしが課長だったら、たとえ敬語でも「ご覧になりたいですか」なんて言われると「別に見たくないよ」って気持ちになるなあ。同僚の田中さんがポールさんに「どこへ行きたい？」と聞くのはあまり違和感ないけど。

そうですね。友達や家族に「～たい？」と聞くのはかまわないけど、相手が目上の人だとぶしつけな印象を与えてしまいます。

へえ、そうなんだ。気をつけなくちゃ。

「～がほしいですか」「～たいですか」の運用上の注意点

目上の人や敬意を払うべき人、親しい間柄ではない人に「～がほしいですか」「～たいですか」と聞くと、失礼になる。

● **もうちょっとやってみよう**

[「～がほしい」と言えない名詞]

どうして「旅行がほしい」と言えないのでしょうか。

僕は今、旅行がいちばんほしいです。

ポールさん、「旅行がほしい」はだめ。旅行したい」ですよ。

「旅行」は名詞なのにどうして？

確かに「旅行」は名詞ですが、「する」をつけて「旅行する」という動詞にもなります。いわゆる「する動詞」と呼ばれる動詞です。「する動詞」は必ず「〜したい」と言わなければなりません。その名詞の部分だけをとって「名詞がほしい」とは言えません。「結婚する」「買い物する」「掃除する」など、ほかの「する動詞」でも確かめてみてください。

「連絡する」や「電話する」は「連絡がほしい」「電話がほしい」と言えますが…。

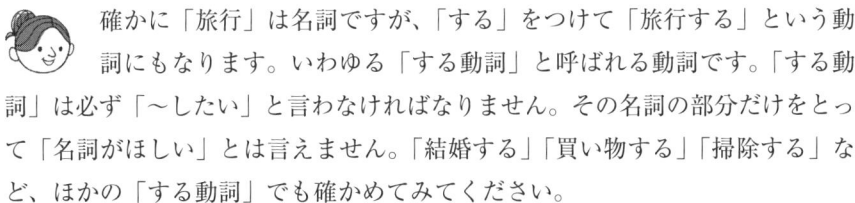
「連絡がほしい」は「あなたが連絡することをわたしが望んでいる」という意味になります。「『連絡』という動作をわたしがすることを望んでいる」と言いたいときは「連絡がほしい」ではなく「連絡したい」ですね。

コラコラ＊コラム ＊＊＊＊＊＊＊＊＊＊＊＊＊＊＊＊＊＊＊＊＊

●「が」それとも「を」?

「『てんぷらを食べたい、てんぷらが食べたい』、助詞は「を」ですか、「が」ですか。」「これはどちらでもいいですよ。」「どちらでもいい？！　でも『～ほしい』は『カメラをほしい』はだめ。助詞は難しい。覚えるの、ほんとに大変です。」とオウさん。日本語を学ぶ外国人で助詞が難しいと感じる人は多いようです。

では、この「～たい」の助詞について、みなさんもちょっと考えてみてください。「が」を使う？　「を」を使う？　どちらも使う？

　　① おいしいもの　　｛を／が｝　食べたい。
　　② 冷たいビール　　｛を／が｝　飲みたい。
　　③ この瓶のふた　　｛を／が｝　開けたい。
　　④ 彼にプレゼント　｛を／が｝　あげたい。
　　⑤ 死ぬまで君　　　｛を／が｝　愛したい。

①②は「を」も「が」も使うけれど、わたしはどちらかといえば「が」かな。日本人でも個人の語感によって違うので、外国人には判断が難しいところです。③④⑤は「を」しか使えないと思いますが、みなさんはどうですか。

「を」のほうが使用範囲が広いので、ほとんどの場合「を」を使えば間違いはないと言えそうです。

1

話し手の気持ちや意志を表す

2
家賃の5か月分の敷金を払わ**なければならない**んだって！

● **まずはここから**

「○○なければならない」「○○なくてもいい」という表現を使った部分に下線を引きましょう。

1
A：あのマンション、入居時には家賃の5か月分の敷金を払わなければならないんだって！
B：へえ、そうなんだ。

2
患者：先生、この薬、ずっと続けなければならないんですか。
医者：いいえ、症状が治まれば飲まなくてもいいですよ。

 5か月分も？　払いたくないなあ…。

 それは絶対だめ。「払わなければならない」は、「払わない」という選択肢はないということですから。

● ポイントをおさえよう

[「～なければならない」はどんなときに使う？]

下の①②を比べましょう。「～なければならない」はどんな意味でしょうか。

①国民は税金を払わなければならない。
②泳げないので浮輪を着けなければならない。

 ①は「義務」。②は…、「義務」じゃなさそう。

 「～なければならない」は、その行為が義務であることや、する必要があることを表します。

①の「税金を払う」というのは、自分の判断で払うか、払わないかを選べるものではない、国民に課せられた「義務」です。②は「泳げない」わけですから、浮き輪を着けないとおぼれてしまいます。「浮き輪を着ける」ことはおぼれないためにどうしても「必要」なことなのです。

 「～なければならない」の意味・用法

「～なければならない」は、個人的な判断では「するか、しないか」を決められない「義務」や、せざるをえない「必要」を言うときに使う。

[「～なければなりませんか」と聞かれたときの答え方]

次の会話の下線部分の間違いがなぜ起こったのでしょうか。

ポールさんは、今年、ビザを更新しなければなりませんか。

ええ、<u>なければなりません</u>。

ポールさん、それは変。「更新しなければなりません」ですよ。

英語では言えるのに…。

答えるときに動詞の部分を省略してはいけません。学習者の母語では言えても、日本語では言えないこともあるので注意が必要です。また、「いいえ」で答えるときは、「不必要」を表す「～なくてもいいです」を使います。

会話❷でも、薬を続ける必要があるか、と尋ねた患者に対して、医者はその必要はない、と答えているわけですね。

「～なければなりませんか」に対する答え方

「～なければなりませんか」に対する答えは、動詞の部分を省略してはいけない。また否定の答えはしないことを認める（＝不必要を表す）「～なくてもいいです」である。

2

話し手の気持ちや意志を表す

3
旅行し**ようと思う**んだ

● まずはここから　　　　　　　　　　　　　● ● ●

「○○（よ）う＋と思う」という表現を使った部分に下線を引きましょう。

A：ゴールデンウイーク、どうするの？
B：旅行しようと思うんだ。

 この「〜（よ）う＋と思う」は、話している人が「どうしたいか」っていう意味ですか。

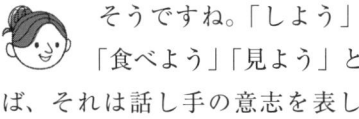 そうですね。「しよう」とか「食べよう」「見よう」と言えば、それは話し手の意志を表しますね。

でも、「どうするの？」と聞かれて「わたしは旅行しよう」と言っても、ただの独り言になってしまいます。話し手の意向を聞き手に伝えるときは、「わたしは旅行しようと思う」のように、「意向形（参照：用語解説）＋と思う」の形で使うんですよ。

● ポイントをおさえよう

[「意向形＋と思う／思っている」のはだれ？]

下の①〜④の文の中で、正しくないのはどれでしょうか。

①わたしはパスタを食べようと思う。
②わたしはパスタを食べようと思っている。
③彼はパスタを食べようと思う。
④彼はパスタを食べようと思っている。

「思う」は「思っている」に言い換えられると思ってたけど、そうじゃないんですね。③の文はおかしいですね。

そうです。「意向形＋と思う／思っている」の使い分けには、主語の人称が関係しているんですよ。「意向形＋と思っている」は主語が「わたし」でも「彼」でも使えますが、「意向形＋と思う」は主語が「彼」などの第三者には使えません。

「意向形＋と思う」と「意向形＋と思っている」の主語

「意向形＋と思う」は、主語が一人称のときに使う。
「意向形＋と思っている」は、主語の人称にかかわらず使うことができる。

「意向形＋と思う」と「普通形＋と思う」の違いは？

ポールさん、明日、パーティーには行くの？
安田さんは行くのかな？

僕は行こうと思います。
たぶん、安田さんも<u>行こうと思います</u>。

「安田さんも行こうと思う」？　何かおかしな日本語…。
それに、「意向形＋と思う」は主語が一人称のときしか使えなかったはず。

考えよう　下の①②の文でそれぞれ「思う」のはだれで、「行く」のはだれでしょうか。

①わたしは行こうと思う。
②わたしは安田さんも行くと思う。

　①は「思う」のはわたし。「行く」のもわたし。②は「思う」のはわたし。「行く」のは安田さん。

　そうですね。では、文の形に注目してみましょう。①の「わたしは行こうと思う」は「意向形＋と思う」、②の「わたしは安田さんも行くと思う」は「普通形（参照：用語解説）＋と思う」という形です。

　「意向形＋と思う」は話し手の「意志」を言うときに使い、「普通形＋と思う」は話し手が自分の考えや意見を述べるときに使います。ポールさんが安田さんが行くかどうかを言うときは、「普通形＋と思う」を使って「安田さんも行くと思う」と言わなくてはいけないのです。

 **「意向形＋と思う」と「普通形＋と思う」の違い**

「意向形＋と思う」は、話し手の意志を表すときに使い、
「普通形＋と思う」は、話し手の考えや意見を述べるときに使う。

コラコラ＊コラム　＊＊＊＊＊＊＊＊＊＊＊＊＊＊＊＊＊＊＊

●「～（よ）う＋と思う」の反対は何と言う？…なかなか言えない「～ないでおこう」

　意向形を勉強した授業のあと、パクさんが質問にやってきました。「先生、『意向形』はよくわかりました。自分が何かしようとするときに使うんですよね。『パソコンを買おうと思う』とか、『たくさん食べようと思う』とか。でも、もうすぐセールだから今は買いたくないと思うこともあるし、ダイエットしているから食べないということもあります。『食べようと思う』の反対は何と言うんですか。『食べないと思う』ですか。『食べないようと思う』ですか。教科書に『食べようと思う』の反対の表現は出ていません。」

　「食べようと思う」の反対は「食べようとは思わない」と「食べないでおこうと思う」の2つですが、「～ないでおこうと思う」はちょっと難しいですね。パクさんにはどのように答えたらいいでしょうか。「食べないでおこうと思う」を分解すると、「動詞のない形（参照：用語解説）＋～ておくの意向形＋思う」という複数の文型が組み合わさっていることがわかります。

```
        食べ       ようと思う
       食べない でお こうと思う
         ↓     ↓
        ない形 「ておく」
```

　「～ておく」（参照：26課）は「前もって何かをする（準備）」という意味がありますから、「～ないでおく」は「前もって何かをしない」という意味になります。「～ておく」を加えることにより、「（何かのために）あることをしないという意向を述べる」のです。パクさんには、複合的な文型の構造と意味をよく説明し納得してもらって一件落着しました。

4
日曜日は京都に行く**つもり**なんだ

まずはここから

「○○つもり」という表現を使った部分に下線を引きましょう。

A：日曜日、よかったらうちに遊びに来ない？
B：ごめん、日曜日は京都に行くつもりなんだ。
A：へえ、祇園には行くの？
B：いや、祇園には行かないつもり。

「行くつもり」って「行く予定」とも言えますね。

ええ。でも似ているけれど、同じかな？

ポイントをおさえよう

[「〜つもりだ」はどんなときに使う？]

次の（　）の中に「つもり」か「予定」を書きましょう。

編集長：タレントＡの取材は？
　記者：所属事務所のOKが取れました。
　　　　来週火曜日にインタビューする（①　　　）です。
編集長：いいネタ取ってこいよ。
　記者：はい。
　　　　チャンスがあれば例のうわさについても聞いてみる（②　　　）です。

①は「予定」、②は「つもり」かな。

そうですね。①はすでに決まった仕事のスケジュール、②は記者の個人的な心づもりですね。では、次の文はどうでしょう。

まだ親には紹介していないけど、僕としては彼女と結婚する（③　　　）なんだ。

これは「予定」とは言わないと思います。

②③のように、自分の心の中で個人的に決めていることには「つもり」を使いますね。一方①のように、関係者と相談し本決まりになった事柄には「予定」を使うほうがぴったりくるのではないでしょうか。

「〜つもりだ」の意味・用法

「〜つもりだ」は、私的な心づもりを言うときに使う。

「〜つもりだ」の否定は？

次の①②のどちらのほうが強く否定していると思いますか。
A：ねえ、林さんのピアノの発表会、来週でしょ？　行くの？
B：①ううん、行かないつもり。
　　②ううん、行くつもりはないわ。

①②両方とも「行かない」という意志を表していますね。でも①は「その日は都合悪いから行かない」というぐらいの軽い気持ちですが、②は「行かない」ということに何か深い事情があるみたい…。

深い事情ね…。「行かないつもり」は単に「行くか行かないか」の選択で「行かない」という心づもりを伝えているのに対して、「行くつもりはない」は「行く」という心づもりが全くないということを伝えています。つまりそのような考えはみじんもないというニュアンスとなり、より強い否定となります。

「〜つもりだ」の否定

「〜つもりだ」を否定するときの表現は「〜ないつもりだ」と「〜つもりはない」がある。「〜つもりはない」のほうが否定の度合いが強くなる。

[「～つもりですか」の落とし穴…相手がどう感じるか。]

あなたの部下が次のように言いました。あなたはどんな印象を持ちますか。

「部長、今年の夏休みも沖縄へいらっしゃるつもりですか。」

なんかムッとくる言い方ですね。「どうして沖縄なんかへ行くのか」「行かないほうがいい」と言われているような感じがします。
「～つもりですか」は、相手の個人的な心づもりを尋ねることになり、無礼な印象を与えがちです。とがめられていると誤解されてしまうこともあります。「～つもり」は、心づもりを聞かれて、それに答えるときには使っても、単に相手の予定を聞くときには使わないほうがいいでしょう。

「～つもりですか」の運用上の注意点

「～つもりですか」という質問は、批判的、あるいは詰問調のニュアンスを帯びることがあるので、単に相手の予定を聞くときには使わないほうがよい。

コラコラ＊コラム ****************

● 「～（よ）う＋と思う」と「～つもりだ」って使い分けている？

　近所に住むマリアさんとアイリンさんとわたしは井戸端会議仲間。その日は新婚のマリアさんのご主人とのなれそめについての話を聞きながら、ティータイムを楽しんでいました。
　「マリアさんのご主人て、かっこいいわよね。」とアイリンさん。
　「それにとても優しそうだし」とわたし。
　「そうなんです。わたしは生まれ変わっても、主人と結婚するつもりです。」
　あーあ、マリアさんたらのろけちゃって。えっ、でも、ちょっと待って。
　「マリアさん、そのときは『結婚するつもり』じゃなくて、『結婚しようと思う』じゃないかしら…。」
　「えっ、なぜ？『～つもりだ』と『～（よ）うと思う』はほとんど同じ意味じゃないんですか。」マリアさんはけげんそう。
　そこからは井戸端会議が日本語教室に早変わり。
　「『～（よ）うと思う』は例えば「食べよう」とか「やめよう」と頭の中で思ったことに、「と思う」をつけて、そのまま口に出すときの表現だから、架空の「もし～だったら～と思う」というときにも使えるけれど、「～つもりだ」は話し手の心づもりを言うときの表現だから、「わたしが男だったら」とか「今が江戸時代だったら」のように現実ではない架空のことには使えないのよ。ある程度具体的に決まってることだけよ。だって、現実じゃない話なのに心づもりはしないでしょ。」
　マリアさんとアイリンさんは目を丸くして、「知らなかった。今日のティータイムは有意義だったわ。ありがとう。」とニコニコしながら帰っていきました。

4

話し手の気持ちや意志を表す

5
どうしても100点取りたかった**んです**

まずはここから

「○○んだ」という表現を使った部分に下線を引きましょう。

1
先生：どうしてカンニングなんか…。
学生：ごめんなさい。どうしても100点取りたかったんです。

2
A：いいなあ。海外旅行に行くんですか。
B：うん。お土産買ってくるね。

「～んだ」は、よく使う表現だけど、「100点取りたかったです」と「100点取りたかったんです」はどう違うんでしょうか。

ポイントをおさえよう

[　　　「～んだ」はどんなときに使う？　　　]

考えよう　次の会話の①②を比べましょう。どちらが自然でしょうか。

（約束の時間に遅れてしまったAさん）
すみません。電車が　①遅れたんです。
　　　　　　　　　　②遅れました。

自然なのは、①かな。②だと事実だけを言っていて、「つっけんどんで不自然」な気がします。

そうですね。Aさんは、単に電車が遅れたという事実を言っているのではなく、遅れた事情を説明しています。

「どうして？」と先生に説明を求められ、理由を説明している会話❶もこれと同じ使い方ですね。

「～んだ」の意味・用法

「～んだ」は、状況や事情を説明するときに使う。

[「～んですか」はどんなときに使う？]

次の①②で、アとイ、どちらの言い方が自然でしょうか。

①あなたは窓のない部屋にいます。ぬれたコートで友人が部屋に入ってきました。
　ア．外は雨が降っているんですか。
　イ．外は雨が降っていますか。

②A：いいテーブルですね。買ったんですか。
　B：いいえ、ちょっと日曜大工で…。
　A：ア．えー！　作ったんですか。
　　　イ．えー！　作りましたか。

①も②もアのほうが自然だと思います。

そうですね。①のアはぬれた友人の様子から「外は雨かな」と思ったあなたが、その状況を確認するときに言う表現です。「雨かどうか」の事実を質問するイとは違います。②のアも立派なテーブルをBさんが作ったと聞いてびっくりし、そのことを確認するために「～んですか」と聞いています。

会話❷は、大きなかばんを持っているＢさんを見て状況を確認しているので、同じ使い方ですね。

「〜んですか」の意味・用法

「〜んですか」は、見たり聞いたりして得た情報から、状況を確認したり、説明を求めたりするときに使う。不審に思ったり、驚いたり、不思議に思ったりしたときなどに使うこともある。

● もうちょっとやってみよう

[会話でよく使う「〜んですが…」]

ポールさんの質問にどう答えますか。

A：あの人の名前、どうしても思い出せないんですが…。
B：ああ、山本さんですよ。

Ａさんは「名前を思い出せない」と言っているだけでしょ。別に「教えて」と言っていないのに、Ｂさんは「山本さん」と名前を答えています。どうしてですか。

この「〜んですが」という言い方は、話し手が今の状況を説明することによって聞き手に何か頼むときに使う表現なんです。Ａさんは自分が名前が思い出せないという状況を伝えることで「もし知っていたら教えてください」って言っているんですよ。この表現は「駅へ行きたいんですが…」と言って道を教えてもらったり、「この漢字がわからないんですが…」と読み方を聞いたり、相手に協力を求めるさまざまな場面で会話の前置きのように使います。

 **「〜んですが…」の意味・用法**

「〜んですが…」は、話し手が今の状況を前置きとして説明することで、聞き手に協力を求めたり、依頼したりするときに使うことが多い。

コラコラ＊コラム ＊＊＊＊＊＊＊＊＊＊＊＊＊＊＊＊＊＊＊＊

● **学習者にとっての「わかりやすい日本語」とは？…ティーチャートークを知っていますか。**

日本語教師になってまだ日が浅いA先生が、日本語の勉強を始めたばかりのジュディさんに漢字を教えているときのことです。

A先生「わかりましたか。ジュディさん、こう書くんですよ。」

ジュディさんが困った顔で尋ねました。「え？！『書くん』？『です』？『書くん』てどういう意味ですか。」

それを見ていた先輩のB先生が、言い直しました。「ジュディさん、こう書きます。書いてください。」

B先生はジュディさんの知っている「書きます」「書いてください」で言い換えました。

このように、「既習の文型だけを使った、学習者がわかるような話し方」を「ティーチャートーク」と言います。知っている文型が少ない学習者であればあるほど、数の少ない文型だけでやり取りすることになるので、苦労することがあります。

特に、日本語教師になったばかりのころは「ティーチャートーク」に慣れていないので、普段自分が使っている日本語を何げなく使ってしまい、学習者から質問されることも多いようです。

また、普段の生活でも「ティーチャートーク」で話してしまい、外国人に間違えられる日本語教師もいるそうです。ティーチャートークは日本語教師の一種の職業病と言えるのかもしれませんね。

6
誕生日に何も**くれなかった**のよ

まずはここから

「あげる」「くれる」という表現を使った部分に下線を引きましょう。

❶
- A：バレンタインには彼にチョコレートあげるの？
- B：もちろん！ 手作りチョコをあげるつもりよ。

❷
- A：彼ったら、誕生日に何もくれなかったのよ。
- B：そのうちくれるんじゃない？

 プレゼントの与え手と受け手に注目して、「あげる」「くれる」を整理してみましょう。❶と❷の与え手と受け手はだれですか。

● **ポイントをおさえよう**

[「くれる」の受け手1]

考えよう 絵を見て（　）の中に「あげる」か「くれる」を書きましょう。

彼女　→　彼

①彼女は僕にネクタイを（　　　）。

第三者

②彼女は彼にネクタイを（　　　）。

与え手は①も②も「彼女」ですが、受け手は①が「僕」（話し手）であり、②が「彼」となっています。受け手が話し手の場合は「くれる」を使い、受け手が話し手以外の場合は「あげる」を使います。

ポイント　「くれる」の受け手1

受け手が話し手（わたし）の文は「あげる」ではなく「くれる」を使う。

もうちょっとやってみよう

[「くれる」の受け手2]

このお酒、田中さんが僕の父にあげたんです。今度、国に持って帰ります。

ポールさん、「僕の父にくれた」ですよ。

「くれる」の受け手は話し手だけだと思っていたけど…。

考えよう 次の（　）に「あげる」か「くれる」を書きましょう。

①田中さんはわたしの弟に本を（　　）。
②恋人の太郎君は父に本を（　　）。
③父はわたしに本を（　　）。
④田中さんは佐藤さんに本を（　　）。

①と②と③は「くれる」、④は「あげる」ですね。このように、受け手が「わたし」以外でも「くれる」を使う場合があります。ここには日本の「内」と「外」の考え方があります。これを図にすると次のようになります。

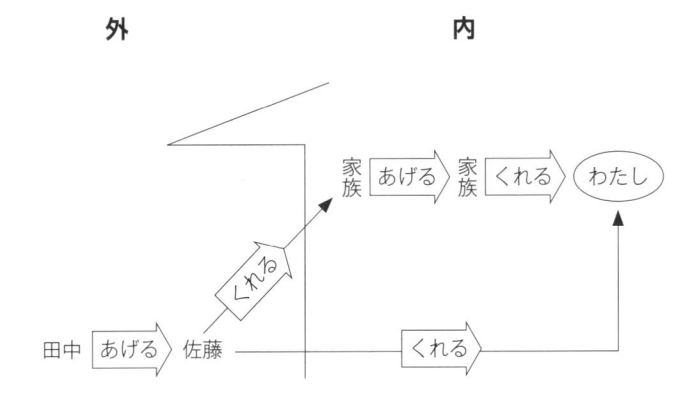

```
      外                        内

                     家族 あげる 家族 くれる  わたし
               くれる
      田中 あげる 佐藤          くれる
```

「佐藤さんが父に」「佐藤さんが姉に」というように、モノが「外」の人から「家族（内）」に向かう場合も「くれる」を使います。また、モノの受け手が心理的に「わたし」に近い人の場合も「くれる」を使うようです。下の例文を見てください。

①離婚して家を出た父は今でも母の誕生日に花を~~あげる~~。 くれる 。
　（わたしにとって母が近い存在の場合）

②会社の田中さんはわたしの恋人の鈴木君に本を~~あげた~~。 くれた 。
　（わたしにとって鈴木君が近い存在の場合）

> へえー、おもしろい！今まで意識しなかったわ。

ポイント　受け手が「わたし」以外の「くれる」

与え手が第三者で、受け手が「わたしの家族」や「心理的にわたしに近い人」の場合は「くれる」を使う。

コラコラ＊コラム ✶✶✶✶✶✶✶✶✶✶✶✶✶✶✶✶✶✶✶

● **先生、これ、あげます！**

先日、チンさんが中国から戻ってきてわたしにお土産をくれました。

「先生、これ、中国のお茶、あげます。」

「ありがとう」とは言ったものの、面と向かって「あげる」と言われ、ドキッとしてしまいました。みなさんはこんな経験、ありませんか。

この場合は「先生、これ、中国のお茶です。どうぞ。」と言うべきでしょう。「あげる」をたとえ敬語の「さしあげる」に変えたとしても、直接目上の人に使うのは失礼です。チンさんがこのような言い方をしたのは、この間「あげます」を教えたとき、目上の人に使ってはいけないということを、言い忘れたからかもしれません。

「チンさん、『中国のお茶です。どうぞ。』でいいですよ。『あげます』はあまり親しくない人や目上の人に向かって使わないでね。でも、『昨日、先生にさしあげたんですよ』って、ほかの人に話すのならOKですよ。」

6

他者との関係や立場を表す

7

僕が運ん**であげる**よ

● まずはここから

「○○てあげる」「○○てくれる」「○○てもらう」という表現を使った部分に下線を引きましょう。

①
A：日曜日、引っ越しだね。
B：うん。1人で運べるかなあ。
A：大丈夫、僕が運んであげるよ。

②
C：日曜日、引っ越しでしょ？ 手伝いに行こうか。
B：ありがとう。でも大丈夫。彼が車で運んでくれるから。

③
C：引っ越し、終わった？ 荷物、全部運んだ？
A：ええ。でも彼は風邪でダウン。結局母に車で運んでもらったのよ。

「あげる」「くれる」は6課で勉強しましたよね。
動詞の「て形」（参照：用語解説）につくと、ちょっと違うんですよ。

● ポイントをおさえよう

[「～てあげる」はどんなときに使う？]

考えよう　次の①②を比べてください。話し手の気持ちを考えてみましょう。

①引っ越しの荷物を運ぶよ。
②引っ越しの荷物を運んであげるよ。

①も②も話し手が運ぶことに変わりはない。意味は同じだと思うけど…。

確かに①も②も行為をする人（運ぶ人）は同じです。でも「運んであげる」には、相手のためを思って手伝おうという話し手の積極的な気持ちが感じられませんか。

ポイント　「～てあげる」の意味

「～てあげる」は主語の行為によって、利益を与えるときに使う。

[「～てあげる」と言えない場合]

考えよう　「～てあげる」はだれに対しても使えるのでしょうか。次の会話を参考に考えましょう。

課長：日曜日、引っ越しなんだよ。
部下：そうですか。手伝ってあげましょうか。

この場合は失礼な感じになってしまいますね。それは目下の人（部下）が目上の人（課長）に利益を与えるような言い方になっているために、恩着せがましい印象を与えてしまうからです。つまり、「～てあげる」は親しい関係でない人には使うことができない表現です。

ポイント

「～てあげる」の運用上の注意点

「～てあげる」は利益を与える表現なので、敬意を払うべき人や親しい関係でない人に使うと失礼になる。

「～てくれる」と「～てもらう」の違いは？

考えよう　次の①②の（　）に「くれた」か「もらった」を書きましょう。

① 彼は携帯電話の番号をすぐに教えて（　　　）。
② わたしは携帯電話の番号を頼み込んで教えて（　　　）。

---

①が「くれた」②が「もらった」ですね。携帯電話の番号がわかったんだから、結局は同じこと？

でも、この２つ、ちゃんと使い分けているでしょう？「～てくれる」の主語は利益を与える人、「～てもらう」の主語は利益を受ける人ですね。つまり、だれが利益を与える行為をしたかと言うときには「～てくれる」を使い、利益を受けた人の視点から述べるときは「～てもらう」を使うということです。

「〜てくれる」と「〜てもらう」の違い

「〜てくれる」は、話し手以外の人が主語になり、その人が話し手や話し手に近い立場の人に利益を与えることを表す。「〜てもらう」は、話し手や話し手に近い立場の人が主語になり、利益を受けることを表す。

もうちょっとやってみよう

「〜てあげる」と「〜てくれる」の助詞

これは学習者が書いた文です。次の①②のような間違いがなぜ起こったのか、考えましょう。

①×彼は彼女にかばんを持ってあげた。
②×彼はわたしに助けてくれた。

> 「A は B に C を 〜てあげる／〜てくれる」って習ったけど間違っているんですか？

①は「彼女のかばん」で②は「わたしを」だけど、ポールさんに何て説明したらいいのかな？

①の文は「彼は彼女のかばんを持つ」というのが元の文ですから「に」ではなく「の」を使わなければいけません。②は「彼はわたしを助ける」というのが元の文なので「に」ではなく「を」になるのです。ポールさんの間違いは利益の受け手は「に」だと思い込んだことによる間違いでしょう。元の文は何かを考えれば、どの助詞を使えばいいかわかりますよ。

8

僕、今日先生に褒め**られた**んだ

まずはここから

「○○（ら）れる（受身）」という表現を使った部分に下線を引きましょう。

1
A：ねえねえ、お母さん、僕、今日先生に褒められたんだ。
B：へー、よかったね。

2
A：ここに置いておいたケーキ、お兄ちゃんに食べられたー！
B：そうだよ！　僕が食べたんだよ。

3
TV：今年もまた高校野球が甲子園球場で開催されます。

「先生が僕を褒めた」「お兄ちゃんがケーキを食べた」と言ってもいいのに、なぜ、受身の形（参照：用語解説）で言うのでしょうか。

● ポイントをおさえよう

[「～(ら)れる」はどんなときに使う？]

考えよう　次の①②を比べましょう。

①今日、先生は僕を褒めた。
②今日、僕は先生に褒められた。

①と②は同じ状況を表していますが、その視点が違います。①は行為をする人（先生）が何をしたかを述べた文で、②は行為を受けた人（僕）の視点で述べています。

受身文は「お兄ちゃんに殴られた」「女の人に道を聞かれた」などのように話し手（わたし）を省いて使うことが多く、動作・行為を行う人やモノを「に」で表します。

ポイント　「～(ら)れる」の意味・用法

受身の表現は動作・行為を受けた側の視点で述べるときに使われる。受身文の主語は動作・行為の受け手である。

[2つの「受身」]

考えよう　次の①②の違いは何でしょうか。

①弟：兄に殴られた。
②弟：兄にケーキを食べられた。

両方とも動作・行為の受け手は弟だし同じ受身文だと思うけど…。

この受身文を受身でない文（能動文）と比べてみましょう。

　　　A　兄は　弟を　殴った。
　　　A'　弟は　兄に　殴られた。

　A'は「殴る」という行為が、直接受け手（弟）に及ぶので「直接受身」と言います。この場合、能動文から受身文にするときには「～を」の部分を主語にします。では、次のBはどうでしょうか。

　　　B　兄は　弟のケーキを　食べた。
　×　B'　弟のケーキは　兄に　食べられた。

B'のようには言えませんね。A'とはどこが違うのでしょうか。
「～を」の部分が、行為の受け手ではなく、受け手の持ち物であるという点です。このように「～を」の部分が、行為の受け手の持ち物の場合、次のように行為の受け手を主語にします。

　　　　弟は　兄に　ケーキを　食べられた。

このような受身を「間接受身」と言います。ほとんどの「間接受身」は受け手が迷惑なこと、嫌なことを被ったときに使います。

ポイント　「直接受身」と「間接受身」

受け手が直接行為を受けるものを「直接受身」と言い、受け手のモノ（持ち物・体の一部）が行為を受けるものを「間接受身」と言う。「間接受身」は、受け手が迷惑だと感じる内容の文が多い。

これも「受身」?

次の①②を比べましょう。

① あの絵はゴッホによって描かれた。
② 高校野球は甲子園球場で開催される。

①の文の行為者は「~に」ではなく「~によって」で表されていますね。「建物を設計する」「小説を書く」「会議を開く」などのように何かを作るとか(会を)開くといった行為の場合は、行為者を「~によって」で表すんですよ。

でも②には「~によって」の部分がありませんね。

そうですね。②は①のように行為者が文中に表れていません。この文は行為をする人がだれであるかを表す必要がなく、主語である「高校野球」の説明をしたいとき使います。

行為者を示さない「受身」

何かを作り出すとか、(会を)開くという意味の動詞を用いた受身文の行為者は「~によって」で表す。行為者を特に示す必要がない受身文もある。

もうちょっとやってみよう

[「～（ら）れる」と「～てもらう」の違いは？]

考えよう ポールさんはどうして次のような間違いをしたのでしょうか。

> 勉強しすぎて肩が凝りました。そうしたら、友達に肩をたたかれました。気持ちがよかったです！

> えー！ それを言うなら「肩をたたいてもらった」じゃないですか。

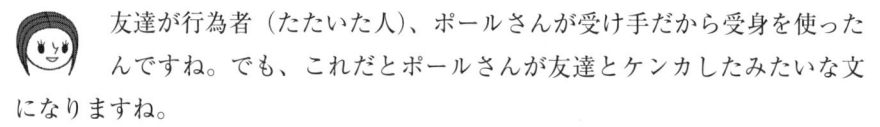

友達が行為者（たたいた人）、ポールさんが受け手だから受身を使ったんですね。でも、これだとポールさんが友達とケンカしたみたいな文になりますね。

間接受身の文は迷惑や嫌なことを受けたときに使うことが多いので、この場合は「～てもらう」（参照：7課）を用いて「肩をたたいてもらった」という表現にすると、相手の行為によって利益を受けたということがはっきりするでしょう。では、直接受身の文の場合はどうでしょうか。次の問題をやってみましょう。

問題：次の（　）に「よかったね」か「大変だったね」を書きましょう。
①男：日曜日、部長にゴルフに連れて行ってもらったんだ。
　女：（　　　　　）。
②男：日曜日、部長にゴルフに連れて行かれたんだ。
　女：（　　　　　）。

答え：①よかったね　②大変だったね

直接受身の文も迷惑を表すことがあるんですね。

受身文は迷惑を表すことが多いのですが、「高校野球は甲子園で開催されます」のように主語が無生物の場合はそうでもありませんよ。

ポイント 「～（ら）れる（受身）」と「～てもらう」の違い

「～（ら）れる（受身）」は迷惑を表すことが多い。相手の動作・行為によって利益を受けたことを表すときは「～てもらう」を使う。

9

帰りましたら、太郎に電話させます

まずはここから

「〇〇（さ）せる」という表現を使った部分に下線を引きましょう。

1
A：担任の青木です。太郎君とちょっと話したいんですが。
B：今、塾なんです。帰りましたら、太郎に電話させます。

2
A：太郎君の進路のことなんですが…。
B：太郎には自分のやりたいことをさせたいと思っています。

「～に～（さ）せる」のような文を使役文（しえきぶん）と言いますが、では「使役」というのはどういうことなのでしょうか。また、上の会話はどちらも「太郎に～させる」ですが、そのさせ方は同じですか。

させ方？

「使役」って聞き慣れない言葉だけど…。

● ポイントをおさえよう

[使役はどんなときに使う？]

考えよう　会話❶の続きで、あなたがお母さんだったら、太郎が帰ってきたとき、何と言いますか。

太郎：ただいま！

母：青木先生から電話があったよ。すぐ_____。

　「すぐ先生に電話しなさい」とか「電話して」とか。

　そうですね。お母さんが太郎に指示して、その指示で太郎が電話をかけるということですね。それをお母さんの立場から言い表すと「（私は）太郎に電話させます」という使役文になるわけです。
　「使役」の文字通りの意味は「親が子供に手伝わせる」のように「人を使って役（えき：しなければならない仕事）を強いる」ということです。「強いる」なんて言うとずいぶん強制的な感じがしますが、「子供に本を読んで聞かせる」のようにはっきり「強制」と感じられない使役文もあります。

　「無理を言って親を困らせた」とか「冗談を言って友達を笑わせた」なんかも、ちょっと「強制」とは違いますよね。

　「困る」「笑う」「泣く」「喜ぶ」「驚く」のような感情を表す動詞の使役文は、何かの働きかけやきっかけでそのことが引き起こされたというような意味になります。

ポイント　「～（さ）せる」の意味・用法１

「～（さ）せる」は、ある人の命令や指示、働きかけによってほかの人が行為を行うことを表す。指示する人が主語になる。

相手の意思を尊重する「使役」

次の①～④の文で、下線部分が「命令や指示」によって行われたと思われるものはどれですか。また、そう思えないものはどれですか。

①子供には自分のやりたいことを<u>させ</u>たいと思っている。
②今の子供にはもっと<u>我慢させる</u>ことが必要だ。
③あの課長は宴会で部下に無理やり酒を<u>飲ませる</u>ので、敬遠されている。
④あの課長は部下の仕事に口出しせず、自由に<u>やらせ</u>ている。

「命令や指示」が感じられるのは②と③。①の親と④の課長は、子供や部下が自分のしたいことをするのを見守っているって感じ。

そうですね。②③は子供や部下の意思を無視しているけれど、①④は反対に子供や部下の意思を尊重し、容認しています。④は干渉せず、ほうっておいていると言ってもいいかもしれません。強制の意味か容認の意味かは文脈によって決まります。

「～(さ)せる」の意味・用法2

「～(さ)せる」は、ある人が認めたり、許可することによって、ほかの人が自分のやりたいことをすることを表す。

もうちょっとやってみよう

[行為をする人を表す助詞]

考えよう

次の①〜④の（　）に助詞を書きましょう。助詞が異なるのはどうしてでしょうか。

① わたしは娘（　　）英会話を習わせた。
② 母は弟（　　）毎日牛乳を飲ませた。
③ わたしは娘（　　）駅まで歩かせた。
④ 母は弟（　　）留学させた。

ヒントは動詞！

①②は「に」、③④は「を」だと思うけど「に」も言えるかなあ…。動詞は…、①②は他動詞、③④は自動詞ですね（参照：用語解説）。

そうです。他動詞の使役文は、「を」がすでにあるので、行為をする人は「に」で表します。自動詞の場合は「を」になることが多いんですが「に」でも言えます。ただし、自動詞でも文中に「を」がある場合は、「娘に道の右側を歩かせる」のように「に」を使い、「を」は使えません。また「弟は父を怒らせた」のように行為をする人の意向を含まない自動詞（感情を表す自動詞など）の場合は「を」だけです。

ポイント　使役文の助詞

他動詞の場合　　「X は Y に　　 Z を 〜（さ）せる」
自動詞の場合　　「X は Y を/に　〜（さ）せる」

コラコラ＊コラム ＊＊＊＊＊＊＊＊＊＊＊＊＊＊＊＊＊＊＊＊

● **だれがそれをする？**

　正月にうちへ遊びにきたチャクリットさん、わたしの着物姿を見て、「わあ、きれいですねえ。ちょっと写真を撮っていただけませんか。」とかばんからデジカメを取り出しました。「ん？　わたしが写真を撮るの？」「いえいえ、僕が先生の着物の写真を撮りたいんです。」「そういうときは『撮らせていただけませんか』って言うんですよ。」

　「撮らせていただけませんか」は「わたしが写真を撮ることをあなたが許可する（＝撮らせる）」ことを「丁寧に頼む（＝ていただけませんか）」表現で、いわば二重構造になっています。

　「～ていただけませんか」と「～（さ）せていただけませんか」はどちらも相手に頼む言い方ですが、一体だれがそれをするのかというところで、チャクリットさんは混乱してしまったようです。

9

他者との関係や立場を表す

10
1時間も待た**された**

● まずはここから

「○○（さ）せられる／される」という表現を使った部分に下線を引きましょう。

A：おじいちゃん、おかえり。どうだった？
B：検査で1時間も待たされて、余計に具合が悪くなったよ。

「○○（さ）せられる／される」を使役受身と言います。
では、使役（参照：9課）と使役受身はどんな関係にあるのでしょうか。どんなときに使役受身を使っているのでしょうか。まずは使役と使役受身の違いから考えてみましょう。

● ポイントをおさえよう

[使役受身の話し手の気持ち]

考えよう　次の①②を比べましょう。

先生：掃除をサボったやつは廊下に立っていろ！
生徒：はーい。

①わたしたちは先生に立たされました。（使役受身）
②先生はわたしたちを立たせました。（使役）

①も②も立ったのは「わたしたち」ですから言っていることは同じですよね。でもこの場合は①の「立たされた」のほうが、先生にしかられて「嫌だった」とか「恥ずかしかった」「困った」っていう気持ちが伝わってきます。

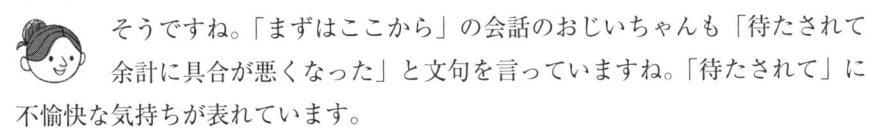

そうですね。「まずはここから」の会話のおじいちゃんも「待たされて余計に具合が悪くなった」と文句を言っていますね。「待たされて」に不愉快な気持ちが表れています。

使役にはだれかに「強制する」という意味があったでしょう？（参照：9課）使役受身は強制を受ける人が主語になりますが、だれでも強制を受けるのは嫌ですね。使役受身はうれしくない気持ちを表すのが大きな特徴です。

> **ポイント　使役受身文が表す話し手の気持ち**
>
> 使役受身文は話し手（わたし）の「嫌だ、迷惑だ、不愉快だ、困った」という気持ちを表すことが多い。

● もうちょっとやってみよう

[「気持ち」や「思考」の使役受身]

考えよう　次の①②のア、イはどんな意味の違いがあるでしょうか。

①ア．このドキュメンタリーを見て、平和について考えた。
　イ．このドキュメンタリーを見て、平和について考えさせられた。
②ア．あいつのやることにはいつも驚くよなあ。
　イ．あいつのやることにはいつも驚かされるよなあ。

「考えさせられた」と言うと「ドキュメンタリーの影響を受けて」というニュアンスが強く感じられませんか。

確かに②も「驚く」だと単に話し手が驚くというだけのことですが、「驚かされる」と言えば、「あいつ」の行為が話し手に驚きを与えると言っている感じです。

「気づく」「考える」などの思考を表す動詞や「驚く」「泣く」のような感情を表す動詞の使役受身は、「困る、嫌だ」という気持ちではなく、あることが原因で何らかの感情や思いが自然にわき上がってくることを表します。

10

他者との関係や立場を表す

11
ビールなら少しは飲む**ことができる**んですが

まずはここから

「○○ことができる」という表現と動詞の可能の形（参照：用語解説）を使った部分に下線を引きましょう。

❶
A：日本酒、飲めますか。
B：日本酒はちょっと…。ビールなら少しは飲むことができるんですが。

❷
A：ちょっと一杯飲みに行こうよ。
B：ごめん、今日飲めないわ。車に乗ってきちゃったから。
A：またか…。なかなか君と飲むことができないな。

❶と❷の「飲める（飲むことができる）」はどう違うかわかりますか。

同じじゃないんですか。

● ポイントをおさえよう

[なぜ「できて」、なぜ「できない」のか。]

> 会話❶でBさんは「日本酒はだめ！ ビールはOK」と言っています。この人はなぜ、日本酒がだめなんでしょう。

なぜって、日本酒は強いからかな。

日本酒が体質的に合わないから飲めないというわけですよね。ちなみに「～ことができる」と「動詞の可能の形（飲める）」は同じ意味です。

可能の表現の意味・用法1

「～ことができる」と「動詞の可能の形」は、体質的、体力的、能力的に可能であることを表す。

[能力的にはできるんだけど…]

> 次の①②を比べましょう。
>
> ①酒を飲むと気分が悪くなるので、飲むことができないんです。
> ②今日は運転してきたから、飲むことができないんです。

①はさっきの体質的、能力的にだめっていう意味ですよね。

そうですね。じゃ、②はどうでしょうか。この人は体質的には飲めるけど、ドライバーであるという状況、事情を理由に飲めないと言って

います。つまり、この人は状況や事情が整えば「飲むことができる」んです。

> **ポイント　可能の表現の意味・用法２**
>
> 「〜ことができる」と「動詞の可能の形」は、状況や事情によってそのことが可能であることを表す。

問題：次の「〜ことができる」が「ア：能力」か「イ：状況」か考えて、（　）にアかイを書いてください。

① （　）英語の歌なら少し歌うことができます。
② （　）アメリカでもおいしい日本酒を飲むことができます。
③ （　）大阪から東京まで飛行機なら１時間で行くことができます。
④ （　）彼は100mを10秒で走ることができるらしいですよ。

答え：①ア　②イ　③イ　④ア

もうちょっとやってみよう

[　動詞の可能の形と自動詞　]

あ、そのナイフ、よく切ることができるから気をつけて！

ボールさん、それは「切れる」って言わなきゃ。

「切ることができる」も「切れる」も意味は同じじゃないんですか。

> **考えよう**
>
> 次の①～④の中で下線部の動詞を「～ことができる」の形で言い換えられるのはどれでしょう。
>
> ①この包丁はよく切れるから注意して。
> ②りんごをうさぎの形に切れますか。
> ③駅の構内で許可なく物を売れません。
> ④今年はエアコンがよく売れた。

②と③は言い換えられるけど、①と④は言い換えられませんね。

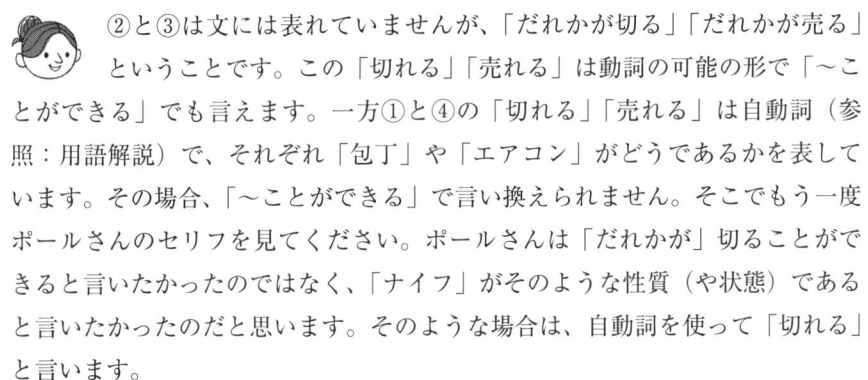

②と③は文には表れていませんが、「だれかが切る」「だれかが売る」ということです。この「切れる」「売れる」は動詞の可能の形で「～ことができる」でも言えます。一方①と④の「切れる」「売れる」は自動詞（参照：用語解説）で、それぞれ「包丁」や「エアコン」がどうであるかを表しています。その場合、「～ことができる」で言い換えられません。そこでもう一度ポールさんのセリフを見てください。ポールさんは「だれかが」切ることができると言いたかったのではなく、「ナイフ」がそのような性質（や状態）であると言いたかったのだと思います。そのような場合は、自動詞を使って「切れる」と言います。

> **ポイント**
>
> **動詞の可能の形と自動詞**
>
> 一部の動詞の可能の形と自動詞が同じ形になることがある。自動詞の場合、「～ことができる」で言い換えられない。

12
どうぞ、食べてください

● まずはここから

「○○てください」という表現を使った部分に下線を引きましょう。

1
A：この欄にはっきりと書いてくださいね。
B：はい、わかりました。

2
A：このケーキおいしいですよ。どうぞ、食べてください。
B：ありがとうございます。

「～てください」はどんなときに使っているのでしょうか。❶❷のBさんの返事をヒントに考えてみましょう。

● **ポイントをおさえよう**

[　　　　「～てください」の意味　　　　]

次の①②の「～てください」の使い方は同じでしょうか。あなたなら、何と答えますか。

①すみません、ちょっと<u>手伝ってください</u>。
②このワイン、おいしいですよ。どうぞ<u>飲んでください</u>。

①には「いいですよ」とか「わかった」、②には「ありがとう」「いただきます」って言うかな。返事が違うということは「～てください」の使い方が違うってこと？

「～てください」には、大きく分けて「依頼・指示」と「勧め」の2つの意味があります。①は「いいですよ」という答えが適切ですから、「依頼・指示」の意味ですね。②は答えが「ありがとう」となるので、「勧め」の意味だということがわかります。会話❶は「依頼・指示」、会話❷は「勧め」です。

ポイント　「～てください」の意味・用法

「～てください」の意味は状況により異なり、「依頼・指示する」、「相手に勧める」の2つの意味がある。

「〜ないでください」の意味

> 考えよう
>
> 次のA、B 2つのグループを、動詞に着目して比べてください。意味にどんな違いがあるでしょうか。
>
> A: 入らないでください。
> （タバコを）吸わないでください。
>
> B: 心配しないでください。
> 遠慮しないでください。

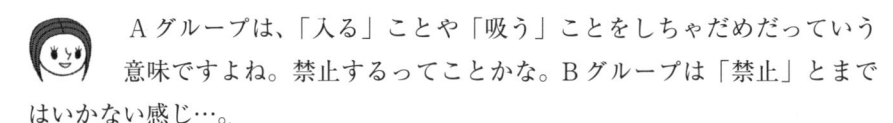

Aグループは、「入る」ことや「吸う」ことをしちゃだめだっていう意味ですよね。禁止するってことかな。Bグループは「禁止」とまではいかない感じ…。

Aグループは、「ある動作をしないこと」を「依頼・指示」する表現です。その意味は状況や文脈によって変わってきます。一方、Bグループのように、「心配する・遠慮する・悲しむ・落ち込む」のような、意味的にはマイナスの心の動きを表す動詞に「〜ないでください」が続くと、話し手が相手のためを思う部分が強調され、「配慮や気遣い」を表すことが多いのです。

ポイント　「〜ないでください」の意味・用法

「〜ないでください」は、「その動作や行為をしないこと」の「依頼・指示」を表すほか、「配慮や気遣い」を表すことがある。

コラコラ＊コラム ✳︎

● **ケンカのときに何と言う？**

　留学生のパクさんが、繁華街を歩いていたときの出来事です。向こうから来た人とぶつかって、肩が触れた触れないで言いがかりをつけられ、一触即発というところで怒鳴りました。

　　　　「来てください！」

　相手は一瞬ひるんで、そして笑い出し「外国人か…。なら、もういいよ。」と立ち去ったそうです。

　本来なら「来るなら来い！」と言いたかったところなのでしょうが、その代わりに「～てください」という依頼の表現を使ってしまったことで、かえってトラブルを回避できたのです。

13
推薦状を書い**ていただけませんか**

● まずはここから

「○○ていただけませんか」「○○てくださいませんか」という表現を使った部分に下線を引きましょう。

❶
学生：この大学に行きたいんですが、推薦状を書いていただけませんか。
先生：ええ、いいですよ。

❷
A：この携帯電話の使い方、よくわからないんですが、もう一度説明してくださいませんか。
B：はい、わかりました。では、もう一度。

丁寧に依頼するときの表現に「〜ていただけませんか」と「〜てくださいませんか」がありますが、使い分けていますか。

使い分け？　まず、この2つの表現がどう違うのかがわかりません。

ポイントをおさえよう

依頼表現のいろいろ

「いただく」は「もらう」、「くださる」は「くれる」の敬語表現です。ここで「もらう」「くれる」を使った「依頼表現」をちょっと整理してみましょう。

くれるを使った表現
見てくださいませんか
見てくださいますか
見てくれませんか
見てくれますか
見てください
見てくれ

もらうを使った表現
見ていただけませんか
見ていただけますか
見てもらえませんか
見てもらえますか

こうして整理すると日本語の依頼表現には くれるを使った表現 と もらうを使った表現 があることがわかりますね。「頼む」という場面で、相手の意向を聞く疑問の形を使うことは、相手に断るチャンスを与えることになるので丁寧な依頼と言えます。その中でも「〜ませんか」を使うと、より丁寧度が高くなります。

ポイント　丁寧な依頼表現

依頼表現には「くれる」を使った表現と「もらう」を使った表現がある。「〜ますか」より「〜ませんか」のほうが丁寧度は高くなる。

「くれる」を使った表現と「もらう」を使った表現の違いは？

考えよう
あなたは後輩から①②のどちらの表現で頼まれたら、気持ちよく依頼を受けられますか。

①先輩、レポートを書いたんですが、見ていただけますか。　[もらう]
②先輩、レポートを書いたんですが、見てくださいますか。　[くれる]

両方とも丁寧な依頼表現だけど…、①のほうが何となくいい感じ…。でも、どうしてかな。

「もらう」を使った表現が依頼表現になると、「いただけますか」という可能の形（参照：用語解説）になっていることに注目してみましょう。「もらう」の主語は利益を受ける側の「わたし」です。「わたしがあなたに〜てもらう」つまり、わたしがあなたの行為を受けることができるかどうかと聞いているため可能の形になっているのです。一方、「くれる」の主語は利益を与える側の「あなた」です。「あなたがわたしに〜てくれますか」つまり、あなたがその行為をわたしのためにするかどうかと聞いているのです。

なるほど…！　①の「見ていただけますか」は「わたしはあなたに見てもらうことができるのか」と聞いていて、②の「見てくださいますか」は、「あなたはわたしのレポートを見てくれるのか」と聞いているわけですね。それで、①のほうがいい感じと思ったわけか。

ポイント

「くれる」を使った依頼表現と「もらう」を使った依頼表現

「くれる」を使った依頼表現は、聞き手や第三者に対して「する意志」があるのかを尋ねている。「もらう」を使った依頼表現は、話し手が行為を受けることが可能かを尋ねている。したがって「くれる」を使った依頼表現より「もらう」を使った依頼表現のほうが丁寧な印象を与える傾向がある。

13

聞き手に働きかける表現

14

一緒に飲みに行き**ませんか**

● **まずはここから**

「○○ませんか」「○○ましょう」という表現を使った部分に下線を引きましょう。

A：今晩一緒に飲みに行きませんか。
B：いいですね。じゃあ、この前言っていたあの店に行きましょう。

「〜ませんか」と「〜ましょう」は誘うときの表現ですが、2つの違いを考えてみましょう。

左の会話の「〜ませんか」と「〜ましょう」を入れ替えても使えるし…。違いって何でしょう。

● **ポイントをおさえよう**

[「～ませんか」と「～ましょう」の意味１]

考えよう　次の①②の（　　）に「ませんか」か「ましょう」を書きましょう。

①先生、明日ゼミのみんなと食事に行くんですが、先生もいらっしゃい
　（　　　　　）。
②お待たせ！　さあ、帰り（　　　　　）。

①は「ませんか」②は「ましょう」ですね。

そうですね。「～ませんか」はその行為をするかしないかの答えを聞き手にゆだね、聞き手の気持ちを尋ねて誘う表現なので、丁寧な印象があります。一方「～ましょう」は、話し手と聞き手の間でそれをするという前提や状況があるときや聞き手が誘いを受け入れる可能性が高いときに使うことが多い表現です。この表現は聞き手の気持ちを聞いているわけではないので、いきなり使うと強引な印象を与えることもあります。

ポイント　「～ませんか」と「～ましょう」の意味・用法１

「～ませんか」は聞き手の意向を尋ねて誘う表現で、「～ましょう」は話し手の意向を示したり、考えを提案したりして誘う表現である。

● もうちょっとやってみよう

[「〜ませんか」と「〜ましょう」の意味2]

考えよう
次の①②に「ませんか」か「ましょう」を書きましょう。また、①②は話し手と聞き手が一緒にすることでしょうか。

〈銀行で〉
①銀行員：このお金を定期になさい（　　　　）。
　客　：ええ、いいですよ。
〈教室で〉
②先生：みんな、おしゃべりしないで静かに作文を書き（　　　　）。
　学生：はーい。

①が「〜ませんか」、②が「〜ましょう」ですね。定期にするのはお客さんで、作文を書くのは学生たちです。

そうですね。このように話し手と一緒に何かをするのではなく、聞き手だけが行動する場面では「〜ませんか」は「勧誘」「勧め」などの意味になり、「〜ましょう」はやさしく遠回しに「命令」「指示」をする意味になります。例えば、人を自宅に招待するとき「わたしの家に来ましょう」とは言わず「来ませんか」ですね。これも聞き手だけが行動するときの「誘い」なのです。

勉強を始めるとき、先生が「始めましょう」と言うのも「指示」なんですね。

ポイント
「〜ませんか」と「〜ましょう」の意味・用法2

聞き手だけが行動する場面では、「〜ませんか」は勧誘、勧め、「〜ましょう」は和らげた指示、命令の意味になる。

14

聞き手に働きかける表現

15
ちょっと運動し**たほうがいい**んじゃない？

● **まずはここから** ●●●

「○○（た）ほうがいい」という表現を使った部分に下線を引きましょう。

A：最近太り気味で…。
B：山田さん、一日中デスクワークで通勤は車でしょう？　ちょっと運動したほうがいいんじゃない？

「～（た）ほうがいい」というのは何か相手にアドバイスするときに使う表現ですね。

ええ、そうです。ではわたしたちはどんなときに「～（た）ほうがいい」を使ってアドバイスしているのでしょうか。

● ポイントをおさえよう

[「～（た）ほうがいい」はどんなときに使う？]

考えよう　Bさんはどう思って次のようなアドバイスをしているのでしょうか。

① A：虫歯かなあ…。
　 B：早めに歯医者さんへ行ったほうがいいよ。
② A：ビール、冷えてる？
　 B：今晩はまだ仕事するんでしょ。ビール、飲まないほうがいいよ。

　①ではBさんは、Aさんが歯医者さんに行かないと虫歯がひどくなると心配しているんじゃないかな。②はAさんがビールを飲んじゃうと仕事ができなくなると思っているのでは？

　そうですね。①では、Aさんが虫歯であるという現状を見て、そういう状態を続けるのはよくないので、歯医者へ行くようにとアドバイスしています。②はAさんがビールを飲みたがっていると考えて、飲まないように忠告していますね。

　そうか。「まずはここから」の会話も、太り気味なのに一日中デスクワークで車通勤の山田さんの現状を見て、「運動しないのはよくないよ、体に悪いよ」というような気持ちを込めてアドバイスしているんですね。

ポイント　「～（た）ほうがいい」の意味・用法

「～（た）ほうがいい」は現状がよくないと考えて、アドバイスをしたりするときに使う。

[「~（た）ほうがいい」と「~たらいい」の違いは？]

考えよう

次のポールさんの言い方には違和感があります。どう言えばいいでしょうか。

> 友達の誕生パーティーに招待されたんだけどプレゼントは何がいいかなあ。

> 女性なら、花をあげたほうがいいですよ。

これでは何か「花をあげなきゃだめですよ」と言われているような感じがしてしまいます。

そうですね。「~（た）ほうがいい」は相手のためになると思うことを積極的に、あるいは強く勧めたり忠告したりする表現で、「~しないのはよくない」というニュアンスが含まれていましたよね。ですから場合によっては上のポールさんのように、押しつけがましく聞こえてしまうのです。

「花をあげたらいいですよ」なら違和感はありませんね。

そうですね。「~たらいい」は話し手が一番いいと思う方法を相手に提案する表現です。ポールさんの場合のように相手がまだ何も決めていない（プレゼントを決めていない）ことについて助言するようなときは「~（た）ほうがいい」より「~たらいい」のほうが適切です。

ポイント　「~（た）ほうがいい」の運用上の注意点

「~（た）ほうがいい」には忠告の意味合いがあるので、押しつけがましい印象を与えることがある。

コラコラ＊コラム ✳︎

● 「～たほうがいい」の否定は？

友達から聞いた話。

「夏休み中、ホームステイをしていたジョンさんが帰国するので、家族全員で明日は空港に送りに行こうという話になったときのことなんだけど、夫が『明日は仕事があるけど、無理をすれば行けないこともないな』って、言ったのよ。そしたら、ジョンさんが『お父さんは来ないほうがいいです！』

『えっ！　どうして？』みんながジョンさんに注目。

でもジョンさんはケロっとしているのよ。夫は『おれは嫌われていたのか…』と一瞬落ち込んだらしい。よくよく聞いてみると、お父さんにも来てもらったほうがいいけど、仕事があるなら来なくてもいいと言いたかったらしいんだけど、『～たほうがいい』の否定は『～ないほうがいい』だけだと考えての間違いとわかり、みんなで大爆笑。普通なら別れのしんみりした夜が、にぎやかになったわ。」ということです。

「わたしも行ったほうがいい？」

「行かないほうがいい」「行かなくてもいい」

なるほど、何げなく使っていたけど、ニュアンスがかなり違うなと改めて考えさせられました。

16
今日のテストは辞書を見**てもいいですか**

まずはここから

「○○てもいい」「○○てもいいですか」という表現を使った部分に下線を引きましょう。

1
学生：今日のテストは辞書を見てもいいですか。
先生：見てもいいです。
学生：やったー！

2
A：タバコを一本吸ってもいいですか。
B：すみませんが、タバコはちょっと…。

「～てもいい」は「許可」の表現ですが、使うときに注意しなくてはならないことがあるんですよ。それから、「～てもいいですか」って聞かれたときの答え方にいろいろなパターンがあることに気づきましたか。

● **ポイントをおさえよう**

[「～てもいい」はどんなときに使う？]

考えよう

ポールさんの言い方を聞いて、部長は気を悪くしたようです。ポールさんはどう言えばよかったのでしょうか。

> 部長、今度の週末、うちに遊びにいらっしゃってもいいですよ。

> 来てもいいと言われてもねえ…。 部長

　この場合、「うちに遊びにいらっしゃいませんか」（参照：14課）という「誘い」の表現を使うと自然な会話になりますね。ポールさんは「遊びに来ても問題ない。大丈夫だ」という意味のことを言いたかったのでしょうが、「いらっしゃって」といくら敬語を使ったとしても、無礼な印象を与えてしまいます。

　「～てもいい」は許可する表現で、「許可を与える」という行為は、立場が上の人から下の人に対してなされるものだからです。この例のように、ポールさん（部下）から部長（上司）に許可を与えると失礼になります。

ポイント　「～てもいい」の意味・用法

「～てもいい」は、「許可」を表す。目上の人や立場が上の人に使うと失礼になる。

「〜てもいいですか」と聞かれたときの否定の答え方

考えよう なぜポールさんは下線のような間違いをしたのでしょうか。考えてみましょう。

> 明日、ポールさんの家に遊びに行ってもいい？

> いいえ、遊びに来てはいけません。

許可を求める「〜てもいいですか」に対応する否定の表現は「〜てはいけません」だと思ったんですね。しかし「〜てはいけません」は「禁止」の表現ですから、この場面で使うのにはふさわしくありません。この場合は、「ちょっと…（都合が悪いんです）」などと答えるのがいいでしょう。

上の会話のような状況では「〜てはいけません」は使えませんが、「お酒を飲んでもいいですか」と聞かれた医者が「一滴も飲んではいけません」と患者に言う場合など一般的に「だめだ」と判断されることを禁止する立場にある人が述べる場合には使います。

「〜てもいいですか」に対する答え方は、その会話が交わされた状況や、話し手と聞き手の関係などにより変わってくるのです。

ポイント 「〜てもいいですか」に対する否定の答え

「〜てもいいですか」に対する否定の答え方は、禁止の意味の「〜てはいけません」、しないことを依頼する「〜ないでください」、はっきり言うのを避けた拒絶としての「ちょっと…」など、状況や聞き手（相手）との関係によってさまざまである。

コラコラ＊コラム ＊＊＊＊＊＊＊＊＊＊＊＊＊＊＊＊＊＊＊＊

● 「許可」ではない「～てもいい」の使い方とは？

　日本語教室に行くと、マリアさんは朝から悩んでいました。マリアさんいわく、「昨日、日本人の友達を展覧会に誘ったんですが、その友達がわたしに『行ってもいいわよ』って言ったんです。わたしが誘ったのにわたしに対して『行ってもいい』と言われても…。意味がよくわかりませんでした。」

　「～てもいい」は基本的に「許可」を表す表現ですが、上の例のように、話し手が「自分のこと」について使うと、その話し手がその行為をする意向を表すのです。この場合だと、友達は「行く」という意向を示したということです。

　上の説明を聞き終わったマリアさんが言いました。「この『～てもいい』の言い方は便利だから、覚えておいてもいいかな。」

17
曇っているから、雨が降る**かもしれない**よ

● まずはここから

「○○かもしれない」という表現を使った部分に下線を引きましょう。

❶
A：今晩、花火大会だね。
B：うん。でも、曇っているから、雨が降るかもしれないよ。

❷
A：その報告書、明日までに仕上がりそう？
B：それが…、パソコンの調子が悪いので、ひょっとしたらできないかもしれません。

「〜かもしれない」って、はっきりわからないことを言うときに使いますね。

「〜だろう」もはっきりしないときに使います。同じでしょう。

● ポイントをおさえよう

[「～かもしれない」はどんなときに使う？]

考えよう　次の①②に「かもしれない」と「だろう」を入れてみましょう。不自然な文はありますか。

①あのチームが勝つ（　　　　）。
②わたし、仕事を辞める（　　　　）。

　①は「～かもしれない」も「～だろう」も言えます。②は「～かもしれない」は言えますが「～だろう」を使うと変ですね。

　そうですね。①は勝つかどうかについて、はっきりわからないということを表すのに「～だろう」「～かもしれない」のどちらも使うことができます。しかし、②は「辞めるだろう」と言うと、自分のことなのにはっきりわからない、ということになり、変な文になってしまいます。「（辞める）かもしれない」と言えるのは「～かもしれない」が（辞める）可能性について述べる表現だからです。

ポイント　「～かもしれない」の意味・用法 1

「～かもしれない」は、「ある出来事が起こる可能性」について述べるときに使う。

「～かもしれない」の示す可能性

考えよう　次の①②を比べてください。**不自然に感じる文はどちらでしょうか。**

①今年の冬は北海道に雪が<u>降らないかもしれない</u>。
②今年の冬は北海道に雪が<u>降るかもしれない</u>。

「降るかもしれない」？　北海道に毎年雪が降るのは当たり前なんだけど…。

不自然に感じるのは、②の文ですね。ある事柄の起こる可能性が100％に近ければ近いほど、「～かもしれない」を使うと違和感があります。北海道で雪が降る可能性はほぼ100％ですから②は変なのです。では、①の「北海道に雪が降らない」という可能性はどうでしょう。現在の地球温暖化を考えても、大変低いと言えます。

このように、「～かもしれない」は、起こる可能性が高い事柄よりも低い事柄に使われる傾向があるのです。

だから会話❷のように「ひょっとしたら」という表現と一緒に使うんですね。

ポイント　**「～かもしれない」の意味・用法２**

「～かもしれない」は、起こる可能性が低い事柄に使うことが多い。

17

事柄の確かさをどうとらえるかや伝聞を表す

18
やっと、寝た**ようだ**ね

● まずはここから

「〇〇ようだ」という表現を使った部分に下線を引きましょう。

❶
妻：子供たち、静かになったわね。
夫：さっきまでうるさかったけど、やっと、寝たようだね。

❷
A：あのう、ストッキング、伝線しているようですよ。
B：あら、ほんとだ！ どうもありがとうございます。

❶と❷の「〜ようだ」という表現、具体的にどんなときに使いますか。

えーっと…、❶は自分の予想を言うときかな。❷は予想ではありませんが…。

● **ポイントをおさえよう**

[　　　「〜ようだ」はどんなときに使う？　　　]

> 次の①②のうち、「外を歩きながら言える」のはどちらでしょうか。
>
> ①今日は昨日より寒そうだ。
> ②今日は昨日より寒いようだ。

「寒そうだ」は、家の中から外を見ながら言っている感じですね。外を歩きながら言うとすれば②だと思います。

そうですね。①も②も「昨日より寒い」と予想（類推）しているという点では同じですが、予想するよりどころが違っています。

「〜そうだ」は外観から類推して話し手が感じたことを述べる表現（参照：19課）であるのに対し、「〜ようだ」は人間の五感（味覚、嗅覚、触覚、視覚、聴覚）を使って感じたことを総合的・体験的に判断して述べる表現です。例えば、①は「窓から外を見ながら言っている」様子が、②は「外を歩いて冷たい空気を感じている」様子が目に浮かぶのではないでしょうか。

ポイント　「〜ようだ」の意味・用法 1

「〜ようだ」は、自分の五感から受ける感覚や経験を根拠に、推測するときに使う。

もうちょっとやってみよう

[「〜ようだ」に見る「気遣い」とは？]

考えよう　次の①②を比べてください。「相手の気分を害さないように言う」とすれば、あなたはどちらの言い方をしますか。

①あのう、ストッキングが伝線しているようですよ。
②あのう、ストッキングが伝線していますよ。

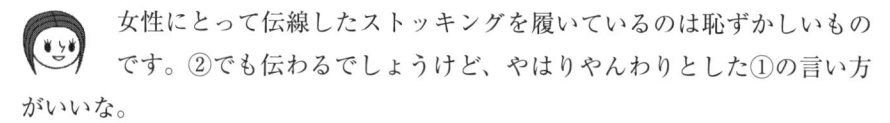

女性にとって伝線したストッキングを履いているのは恥ずかしいものです。②でも伝わるでしょうけど、やはりやんわりとした①の言い方がいいな。

そうですね。②が単純に事実を伝えているのに対し、①は事実を知っていてもあえて「自分はこう思うのだが…」という表現をすることで、事実をはっきり言うのを避けています。ワンクッション置いたソフトな表現と言えますね。

ポイント　「〜ようだ」の意味・用法2

「〜ようだ」は、聞き手（相手）に失礼にならないように配慮して、はっきり言うのを避けるときに使う。

18

事柄の確かさをどうとらえるかや伝聞を表す

19
イチゴのケーキだ。おいし**そう**！

● **まずはここから**

「〇〇そう」という表現を使った部分に下線を引きましょう。

❶
A：わー、イチゴのケーキだ。おいしそう！
B：うん、とってもおいしいよ。

❷
A：見て。このビーズのバッグ！　かわいいー！　買おうかな。
B：でも、このビーズ、すぐ取れそうよ。

❶の「おいしそう」と❷の「取れそう」。2つの「〜そうだ」の違い、わかりますか。

❶が形容詞で、❷が動詞ですね。

● ポイントをおさえよう

〔 形容詞につく「～そうだ」 〕

考えよう
生クリームたっぷりのケーキを見て、甘党のAさんと辛党のBさんなら何と言うか、（　）に形容詞を書きましょう。

A：わー、生クリームたっぷりで（　　　）そう！　食べていい？
B：わー、生クリームいっぱいで（　　　）そう！　遠慮しとくわ。

　　Aさんなら「おいしそう」、Bさんは「甘そう」かな。

　　形容詞につく「～そうだ」は、話し手が目で見て感じたり思ったりしたことを直感的に述べる表現です。実際に「おいしいか」「甘いか」ということは関係ありません。「おいしそう」と感じて、食べてみたら「まずかった」ということもありますね。

★ポイント　形容詞につく「～そうだ」（様態）の意味

形容詞につく「～そうだ」は、話し手が現状のモノやヒトを見て、その様子や性質を推量して述べる表現である。

動詞につく「〜そうだ」

> 次の①②の「取れそう」は、どこが違うか考えましょう。
>
> ①あっ、ボタンが<u>取れそう</u>ですよ。
> ②このバッグ、かわいいけどビーズがすぐ<u>取れそう</u>ね。

①はぶら下がっているボタンを見て話し手が「まだ取れていないけど、もうすぐ取れる」と直感的に感じて述べている表現ですよね。でも②は人によって感じ方が違うんじゃないかな。

そうですね。①は話し手が目の前で起きようとしていることやあるいは様子を見て自分の感じたことを述べていますが、②は今、取れそうなのではなく、取れるかもしれない、その可能性があると言っている表現です。次の例も見てください。

　　　天候がよかったから、今年は甘いミカンができそうだ。

これもある根拠に基づき、今年のミカンの出来を予測した表現です。

動詞につく「〜そうだ」（様態）の意味

動詞につく「〜そうだ」は、話し手がその時点での外観から推察し述べる場合と、あるものの動きや変化を予測し、その可能性を述べる場合がある。

もうちょっとやってみよう

[「〜そうだ」の否定の形は？]

考えよう ポールさんは何が言いたいのでしょうか。ポールさんの間違いを正しく直しましょう。

> ポールさん、来週までに宿題できそう？

> うーん、できないそう？　どう言えばいいの？

それを言うなら、「できそうにもない」でしょう。

そうですね。「〜そうだ」の否定の形はたくさんあるので、まとめてみましょう。

ポイント

「形容詞＋そうだ」の否定

おいしくな[い]＋そうだ
→おいしくな[さ]　そうだ

おいし[い]＋そうではない
→おいし　　そうではない

「動詞＋そうだ」の否定

できな[い]＋そうだ
→できな（[さ]）そうだ

でき[る]＋そうではない
→でき　　そうにもない
　　　　　そうにない
　　　　　そうもない

「形容詞＋そうだ」の否定である「〜そうではない」と「〜なさそうだ」に大きな違いはありませんが、次の①と②を比べてください。

　　　A：わー、このケーキ、おいしそうよ。
　　　B：①えー、おいしそうじゃないよ。
　　　　　②えー、おいしくなさそうよ。

①はAが「おいしそうだ」といった言葉をBが打ち消した印象を受けます。一方、②はAの言葉を打ち消すというよりも、Bが独自の意見を述べている印象があります。

コラコラ＊コラム ＊＊＊＊＊＊＊＊＊＊＊＊＊＊＊＊＊＊＊＊

● **きれいなものは、きれい！**

　先日、後輩の教師から質問を受けました。学習者のパクさんから「先生、学校の前の公園の桜がきれいそうですよ。みんなでお花見に行きませんか。」と誘われたそうです。「お花見？　いいわよ。」と言いながら、「きれいそう…きれいそう？」何か変ということはわかりましたが、なぜ変なのか、わからなかったと言うのです。

　「ケーキを見ておいしそう、空を見て雨が降りそう、なのに桜を見て『きれいそう』と、どうして言わないんですか。」「だって、ケーキは食べるまでおいしいかどうかわからないでしょ。見ておいしそうと感じても食べてみたらまずいってこともある。でも、桜は見てきれいと感じたら、きれい！　でいいんですよ。」

　「～そうだ」は推量表現なので、見てすぐわかるものに「～そうだ」をつける必要はないのです。

20
田中さんは沖縄に行く**そうです**よ

● **まずはここから** ● ● ●

「○○そう」という表現を使った部分に下線を引きましょう。

A：仕事が忙しくて、わたしは夏休み取れそうにないんです。田中さんは沖縄に行くそうですよ。
B：へー、いいですね。

「取れそうにない」の「そうだ」と「行くそうです」の「そうだ」は同じ「そうだ」でも意味は違いますよ。

「取れそうにない」は「動詞のます形（参照：用語解説）＋そうだ」で推察の意味でしたね（参照：19課）。

● **ポイントをおさえよう**

[　　　　　「～そうだ」の意味　　　　　]

> 次の①②を比べましょう。
>
> ①田中さんは沖縄へ行くと言っていました。
> ②田中さんは沖縄へ行くそうです。

どちらも同じじゃないか思うけど…。

①②両方とも聞いた話を人に伝える「伝聞」の表現ですが、だれから聞いたかが問題です。①は田中さん本人から聞いた話を伝えている表現です。②は「動詞の辞書形（参照：用語解説）＋そうだ」の形で、だれに聞いたかは明確ではありません。どこかで聞いたり、何かで読んだりした内容を伝えているのです。

ポイント　「～そうだ」（伝聞）の意味・用法

「～そうだ」は、話し手がある情報源から得た情報を聞き手に伝えるときに使う。

● もうちょっとやってみよう

[「〜そうだ」と「〜ということだ」の違いは？]

考えよう テレビのニュースでよく聞くのは、①②のどちらでしょうか。それはなぜか、考えてみましょう。

①アメリカの大統領が6月に来日するということです。
②アメリカの大統領が6月に来日するそうです。

①のほうがニュースっぽい感じがします。

そうですね。①は得た情報をそのまま伝えているということが感じられます。②は話し手が得た情報を聞き手に伝えたいといった話し手の気持ちを含んでいる感じがします。ですから、日常会話やうわさ話などでは「〜そうだ」がよく使われますね。

ポイント 「〜そうだ」と「〜ということだ」の違い

「〜そうだ」は話し手の何らかの気持ちが含まれた伝聞表現である。「〜ということだ」は、話し手が客観的に事実を伝える表現で、ニュースなどに多く使われる。

20

事柄の確かさをどうとらえるかや伝聞を表す

21
ソファーの上にある**はず**よ

● まずはここから

「○○はず」という表現を使った部分に下線を引きましょう。

1
子：ねえ、今日の新聞、どこ？
母：さっき、お父さんが読んでたから、ソファーの上にあるはずよ。

2
A：田中さん、今日のパーティーに来るのかな？
B：来るって言ってたよ。
C：いや、田中さんは昨日入院したから、来るはずないよ。

「〜はずだ」って、かなり自信がありそうな言い方ですよね。

そうですね。その自信は一体どこからくるのでしょうか。

●ポイントをおさえよう

[「〜はずだ」はどんなときに使う？]

考えよう 話し手が確信を持って言っているのは①②のどちらでしょうか。

A：新聞はどこ？
B：①ソファーの上にあるはずよ。
　　②ソファーの上にあるかもしれないよ。

自分の発言に自信がありそうなのは①かな。「何らかの根拠」があって言っている印象を受けるんですが。

②の「〜かもしれない」は、可能性を述べる表現（参照：17課）ですが、これといった理由や根拠がなくてはっきりわからないことを述べるときに使います。それに対して、①は会話❶にもあるように、「お父さんが読んでいるところを見た」というような、はっきりした「根拠」があるときに使う表現です。だから、確信を持って述べられるわけですね。

ポイント 「〜はずだ」の意味・用法

「〜はずだ」は、何らかの明らかな根拠があり、当然そうだ、という話し手の「確信や期待」を述べるときに使う。

[　　　　　「～はずだ」の否定は？　　　　　]

> 考えよう
>
> 「田中さんが来る」可能性がより低いと言っているのは①②のどちらだと思いますか。
>
> ①田中さんは、来ないはずだよ。
> ②田中さんは、来るはずがないよ。

②のほうが、絶対に来ないと思っている感じがします。

そうです。「田中さんが来ない」とより強く否定しているのは②ですね。「～はずだ」の否定には、「動詞のない形（参照：用語解説）（来ない）＋はずだ」と、「はずだ」の部分を否定する「（来る）はずがない」の2つがあります。

> ポイント
>
> **「～はずだ」の否定**
>
> 「～はずだ」の否定表現には「～ないはずだ」と「～はずがない」の2つがある。「～ないはずだ」は、「～ない」という話し手の判断を表す否定表現であり、「～はずがない」は、実現する可能性がないことを表す強い打消し表現である。

コラコラ＊コラム ＊＊＊＊＊＊＊＊＊＊＊＊＊＊＊＊＊＊＊＊

● 「やっぱりね」の「はず」…あとからわかった根拠

　日本語教室にリュウさんが手作り餃子を差し入れしてくれました。差し入れを食べたみんなが口をそろえて、「リュウさんの、この餃子おいしい！」するとそばで見ていたリュウさんの友人が言いました。「リュウさんは国で特級点心師なんですよ。」一同納得。

　　　「そりゃあ、おいしいはずだ！」

　この「～はずだ」は、自分が思ったことには何らかの理由や裏づけがあったのだということがあとからわかったときの使い方、つまり改めて確認する「やっぱり」の気持ちを「はず」で表現する使い方です。

22

今、化粧し**ている**から、ちょっと待ってよ

● **まずはここから**

「○○ている」という表現を使った部分に下線を引きましょう。

1
A：早くしろ！　もう出かけるぞ！
B：ごめん、今、化粧しているから、ちょっと待ってよー。

2
A：日本語、上手ですね。どこで勉強しているんですか。
B：今、日本語学校で勉強しています。

「今、化粧している」と「今、学校で勉強している」は同じ「〜ている」でも、表しているトキが違うんですよ。

ポイントをおさえよう

[「～ている」の意味１]

考えよう 次の絵の（　）に、コトが起こる順番を書きましょう。

①化粧します　　　　②化粧しています　　　③化粧しました
（　）　　　　　　　（　）　　　　　　　　（　）

　コトが起こる順番は「します→しています→しました」ですから、①→②→③の順ですね。「～ます」は、まだそのコトが起こっていないときに使い、「～ました」は、もうそのコトが終わったとき、そして「今、コトが行われている途中」を言うときに「～ています」を使います。

　あー、「～ています」は進行中の意味ですね。

　「進行中」の意味になるのは「～ています」の前に「食べる」「歩く」「飲む」など、ある時間内に続いて行われることで意味をなす動詞「継続動詞」（参照：用語解説）がくるときです。

ポイント　「～ている」（進行中）の意味・用法１

継続動詞に「～ている」がつくと、その動作・出来事が進行中であることを表す。

[「～ている」の意味２]

考えよう 次の①～③の「～ている」の意味の違いを考えましょう。

①おなかすいたー！　おやつー！
　　…ご飯、作っているからちょっと待ちなさい。
②お父さんのお仕事は何ですか。
　　…うちは農家で、米を作っているんですよ。
③健康の秘訣は何ですか。
　　…毎朝、公園でジョギングしているんですよ。

　「進行中」を表す「～ている」にも、さまざまな使い方があります。①と②は同じ「作っている」ですが、①は「今、している」という意味で、②は「米を作る」ということを職業としているという意味です。会話❷もこの意味に当たります。また③は日課や趣味など習慣的・日常的に続けているということを表しています。

ポイント　「～ている」（進行中）の意味・用法２

「～ている」は、現時点の行為ではなく、職業や趣味、日課など習慣的・日常的に続けている行為を表す場合もある。

22

動作の進行段階や状態を表す

23
部屋の電気がつい**ている**

● **まずはここから**

「○○ている」という表現を使った部分に下線を引きましょう。

夫：太郎は？
妻：部屋の電気がついているから、まだ勉強しているんじゃないかしら。

「勉強している」は進行中を表しますね（参照：22課）。
「電気がついている」も同じですか。

● ポイントをおさえよう

「～ている」の表すトキ

考えよう

次の①②の「～ている」と「～た」の起こる順を（　）に書きましょう。

① 「勉強している」（　）　　「勉強した」（　）

② 「あ、割れている」（　）　　「あ、割れた」（　）

　①は、「勉強している→勉強した」の順ですよね。

　そうですね。でも②は「割れた→割れている」になります。「ている」の表すことが①と②でどう違うか、なぜ違うか考えてみましょう。①「勉強している」は、「継続動詞（参照：用語解説）＋ている」ですから「進行中」を表します（参照：22課）。

　②の「割れている」は「進行中」ではありませんね。これは割れた状態が続くのです。つまり、「割れている」は結果の状態を表します。「まずはここから」の会話の「電気がついている」も結果の状態を表します。結果の状態を表す

「～ている」に使う動詞は「つく」「立つ」「始まる」など、一瞬の動作・出来事を表す動詞（瞬間動詞　参照：用語解説）です。

> **ポイント　「～ている」（結果の状態）の意味・用法**
>
> 瞬間動詞に「～ている」がつくと、動作・出来事が起きたあとの結果の状態を表す。

もうちょっとやってみよう

「知っていますか」と聞かれたときの答え方

高橋さんは結婚しているのかな。ポールさん知っていますか。

いいえ、僕は知っていません。

「知っていません」じゃなくて「知りません」でしょ？　でも、否定が「〜ていません」ではなくて「〜ません」になるのって、ほかにもあるのかな。

考えよう　次の質問に「はい」と「いいえ」で答えましょう。

あなたは眼鏡をかけていますか。
①はい、＿＿＿＿＿＿＿＿＿＿＿＿。
②いいえ、＿＿＿＿＿＿＿＿＿＿＿＿。

　普通、「〜ていますか」の答えは「はい〜ています」「いいえ〜ていません」ですが、「知っていますか」の否定の答えは「知りません」になります。学習者は質問の「〜ています」の部分に引きずられ、ついつい「知っていません」と言ってしまうことがあるので要注意ですね。このようになるのは「知る」だけです。

24
ビールはちゃんと冷やし**てある**よ

まずはここから

「○○てある」という表現を使った部分に下線を引きましょう。

女：昨日買ったビールは？
男：ちゃんと冷やしてあるよ。
女：さすが！　気がきくね。

冷やしてあるってことは、ビールは今、どこにあるのでしょう。

もちろん、冷蔵庫でしょ。

ポイントをおさえよう

[「〜てある」の意味]

考えよう

次の動詞に「〜てある」をつけてみて、言えるものと言えないものに分けましょう。

| 冷える | できる | 並べる | 閉める | 消える | 冷やす |
| 開く | 見える | わかる | 降る | つける | 積もる |

「〜てある」で言える	「〜てある」で言えない

「〜てある」で言えるのは、並べる、閉める、冷やす、つけるです。

そうですね。「〜てある」をつけて言える動詞は、意志動詞（参照：用語解説）です。つまり「冷やしてある」というのは「冷やそう」という意志を持って冷蔵庫に入れたビールが冷蔵庫にある状態を表しています。では、この「〜てある」という言い方はどんなときに使うのでしょうか。
次の例を見てください。

①社長：駅にはだれか迎えにきてくれるのかな？
　秘書：はい。先方に到着時間を知らせてあります。

②A：あのレストラン、人気あるから待たされるんじゃない？
　B：大丈夫。予約してあるから。

①の秘書は、迎えにきてもらうために、到着時間を連絡したんですよね。②も食事のために前もって予約したってことです。

そうですね。どちらも準備してある、準備が整った状態であるということを言っていますね。「まずはここから」の会話でも、あとでおいしいビールを飲むために、冷やしたんですね。

※ポイント　「〜てある」の意味・用法

「〜てある」は、人が意図的に行った動作・行為の結果が、そのまま残っている状態を表す。ある目的のために準備が完了した状態であることを表すことが多い。

もうちょっとやってみよう

[「〜てある」と「〜ている」の違いは？]

考えよう

同じ部屋の状態を見て2人が話しています。「電気がついている」と「電気がつけてある」の違いについて考えましょう。

A：あっ、印刷室の電気がついている。消さなきゃ。
B：つけてあるんだよ。僕、まだ仕事が残っているから。
A：えー、残業か。ご苦労さん。

「電気がついている」は、だれがつけたかが問題なのではなく、部屋の電気がどういう状態かだけを述べています。一方、「電気がつけてある」は、まだ仕事をするBさんが意図的につけた、その状態だという意味です。

ポイント

「〜てある」と「〜ている」の違い

「〜てある」は動作・行為をした人の意図に焦点を当てた表現で、「〜ている」は状態に焦点を当て、どういう状態かを述べた表現である。

24 動作の進行段階や状態を表す

25

宿題は今日中にやって**しまい**なさいよ

● まずはここから

「○○てしまう」という表現を使った部分に下線を引きましょう。

1
母：明日、USJに行くんでしょ。宿題は今日中にやってしまいなさいよ。
兄：う、うん…。
弟：僕はもうやってしまったよ。

2
弟：お姉ちゃん、ここにあったケーキは？
姉：ゴメン、食べてしまったわ。

❶と❷の「～てしまう」は意味が違うんですがわかりますか。

● **ポイントをおさえよう**

[　　　　「〜てしまう」の意味 1　　　　]

考えよう
会話❶で弟は自慢げに「もう（宿題を）やってしまったよ」と言っています。「もう（宿題を）やったよ」とどう違うのでしょうか。

「〜てしまった」と「〜た」は両方とも宿題をやったことに変わりはないけど…。

確かに、宿題が終わったということに変わりはないのですが、弟は「〜てしまった」を使うことで宿題は完了した、何も残っていないよと、強調して言っているのです。また、母親は「今日中にやってしまいなさいよ」と言っていますが、これは未来の完了を表しています。つまり、今日中に全部残らずやりなさいと、言っているのです。

ポイント
「〜てしまう」の意味・用法 1

「〜てしまう」は残らずすべてするという動作・行為の完了を強調する表現である。「〜てしまう」は未来の完了を、「〜てしまった」は過去の完了を表す。

[「〜てしまう」の意味２]

次の①②の「食べてしまった」の意味はどこが違うか考えましょう。

① 12時から人と会う約束があったので、昼ご飯は11時に食べてしまった。
② A：ウナギでも一緒にどう？
　B：えー、昼飯、もう食べてしまったよ。

①は完了の意味、②も完了だけど、ウナギを食べ損ねて残念そう…。

そうですね。②のBさんは食事を済ませたことに対する、後悔、残念の気持ちを「〜てしまう」で表していますね。例えば、借りた傘を電車の中に忘れて謝るときも

　ア．電車の中に忘れてしまったんです。ごめんなさい。
　イ．電車の中に忘れたんです。ごめんなさい。

アのほうが「後悔」の気持ちが伝わる感じがしませんか。

「〜てしまう」の意味・用法２

「〜てしまう」は、「〜てしまった」の形で、すでに行った行為に対する後悔、残念などの気持ちを表す。「謝罪」などの場面で使うことが多い。

25

動作の進行段階や状態を表す

26
ガソリンを入れ**ておく**よ

● **まずはここから**

「○○ておく」という表現を使った部分に下線を引きましょう。

女：ドライブ行きたいなー。
男：OK、行こう。じゃ、そのまえに
　　ガソリンを入れておくよ。

「ガソリンを入れるよ」と言ってもいいのに、なぜ「入れておくよ」って言うんでしょうか。

● ポイントをおさえよう

[「～ておく」の意味]

考えよう 次の①②を比べましょう。

①ドライブのまえにガソリンを入れました。
②ドライブのまえにガソリンを入れておきました。

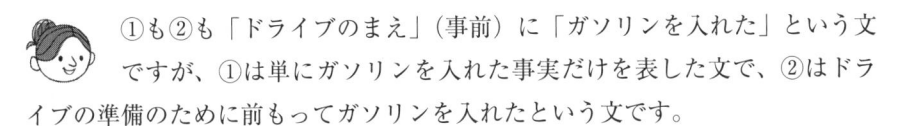

　①も②も「ドライブのまえ」（事前）に「ガソリンを入れた」という文ですが、①は単にガソリンを入れた事実だけを表した文で、②はドライブの準備のために前もってガソリンを入れたという文です。

　そう言えば、何かをするまえに「～ておく」ってよく使います。でも、息子はわたしに「ほうっておいてくれ」って言うし、娘は「部屋はそのままにしておいて」って言うんです。これは前もって準備するという意味じゃないですね。

　確かに、息子さんや娘さんが言っていることは、「何もしないで現状を維持して」という意味ですよね。でも、それも次に続く何かの目的や予定のためにそのまま何もするな（放置）と言っているのですから、広い意味では同じと言えるでしょう。

ポイント　「～ておく」の意味・用法

「～ておく」はあとに続く動作やあとに起こる出来事のために、前もって何かをすることを表す。準備、放置などの場面で使う。

もうちょっとやってみよう

[「～ておく」と「～てある」の違いは？]

次の①②を比べましょう。

社長：新幹線の切符、買っておいてくれた？
秘書：はい、①買ってあります。
　　　　②買っておきました。

どちらも「もう切符を買った」という状況を述べているのですが、①の「買ってあります」は、買った結果（切符）が存在している状態を表します（参照：24課）。一方、②の「買っておきました」は新幹線に乗るまえに前もって切符を準備したという意味です。つまり、「～てある」はその行為をした結果が存在する状態を言っているのであり、「～ておく」は買うという動作・行為に焦点があるのです。ですから、「～ておく」は「明日、買っておきます」のように未来のことにも使えます。しかし、「～てある」は未来のことには使えません。

「～ておく」と「～てある」の違い

「～ておく」は動作・行為に焦点を当てた表現で、「～てある」は動作・行為の結果が残った状態に焦点を当てた表現である。「～ておく」は未来のことにも使えるが、「～てある」は未来のことに使えない。

26

動作の進行段階や状態を表す

27

今、来た**ところ**…

● **まずはここから** ●●●

「〇〇ところ」という表現を使った部分に下線を引きましょう。

❶
A：お母さん、おなかすいたよー！
B：ごめんね。今、作っているところだからね。

❷
A：ごめんね、遅れちゃって。待った？
B：いや、今、来たところ…。

❸
客：もしもし、注文してからもう1時間なんですが、まだですか。
宅配ピザ屋：すみません。今、出るところです。

「〜ところ」を使わずに、❶「作っているからね」❷「来たよ」❸「出ます」とも言えますね。これらの違いは何でしょうか。

「〜ところ」を使ったほうが臨場感があるみたい。

● **ポイントをおさえよう**

[「～ところだ」はどんなときに使う？]

考えよう　自分のしていることを強調したいとき、次の①②のどちらの言い方をしますか。

（すっかり準備ができて早く出かけたいAさんが、もたもたしているBさんに言いました。）
A：まだあ？　早くしてよ。
B：①すみません。今、準備しています。
　　②すみません。今、準備しているところです。

わたしは絶対②を使うな。

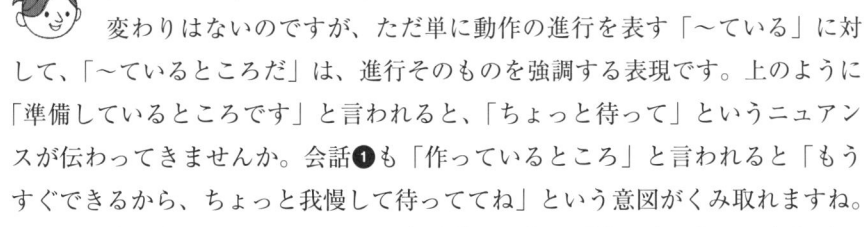

「～ている（参照：22課）」も「～ているところだ」も進行中の意味に変わりはないのですが、ただ単に動作の進行を表す「～ている」に対して、「～ているところだ」は、進行そのものを強調する表現です。上のように「準備しているところです」と言われると、「ちょっと待って」というニュアンスが伝わってきませんか。会話❶も「作っているところ」と言われると「もうすぐできるから、ちょっと我慢して待っててね」という意図がくみ取れますね。あなたが待ち合わせに遅れたとき、会話❷のように「今、来たところ」と言われると「遅れても、気にしなくていいですよ」と言われているように思いませんか。会話❸も「今、出ます」と言われるより「今、出るところです」と言われたほうが、「ピザはもうすぐ来るな」と思って待つことができそうですね。

このように、「～ところ」は、動作のある局面（例：開始・継続・終了）を強調することで、いろいろな言外の意味（含み）を表しているとも言えます。

> **ポイント** 「〜ところだ」の意味・用法
>
> 「〜ところだ」は、動作の局面(例:開始・継続・終了)そのものに焦点を当て強調する表現である。

コラコラ＊コラム ＊＊＊＊＊＊＊＊＊＊＊＊＊＊＊＊＊＊＊＊＊

● **危うく車にひかれるところでした…起こらなかった「ところ」**

　プナールさんが、息せききって部屋に入ってきて開口一番。「あー！　怖かった。来る途中で信号無視の車に危うくひかれるところだった！」それを聞いたレオンさんが、「え？　でも、けがしてないじゃない？　ひかれたんでしょ？　血は出てないし…。大丈夫ですか。」と驚いた様子。

　レオンさんはおそらく「〜るところ」を「そのあとすぐに行為や動作が起こる」と解釈していたのでは？　そのため、「ひかれるところだった」を「そのあとひかれた」と誤解したのではないでしょうか。

　「動詞の辞書形（参照：用語解説）＋ところだった」は、『事故米とは知らず食べてしまうところでした』や『部屋の中にまだ人がいるにもかかわらず、扉の鍵をかけるところだった』の例からもわかるように、ある事柄が、もう少しで起こりそうだったが実際には起こらなかったことを表すことが多いようです。

28
3か月前に引っ越してき**たばかりです**

まずはここから

「○○たばかり」という表現を使った部分に下線を引きましょう。

A：もう新しい生活には慣れましたか。
B：いえいえ。3か月前に引っ越してきたばかりですから、まだまだ慣れません。

　3か月もたつのにまだ慣れないんだ…。普通3か月もあれば、慣れるでしょうに…。

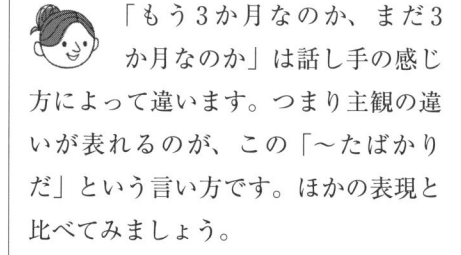

　「もう3か月なのか、まだ3か月なのか」は話し手の感じ方によって違います。つまり主観の違いが表れるのが、この「～たばかりだ」という言い方です。ほかの表現と比べてみましょう。

ポイントをおさえよう

[「〜たばかりだ」はどんなときに使う？]

次の①②を比べましょう。「起床してまだ間もない」とBさんがより強く思っているのはどちらでしょうか。

A：もしもし、もう用意できた？
B：①それが…、30分前に起きたばかりなんだ。
　　②それが…、30分前に起きたんだ。

①だと思います。②は事実を説明しているだけじゃないかな。

時間感覚には個人差がありますから、「30分も前に起きた」と考える人もいれば、「起きてからまだ30分しかたっていない」と感じる人もいるでしょう。「〜たばかりだ」は動作が終了してからの実際の時間の長短にあまり左右されず、話し手が「心理的にあまり時間がたっていない」と感じたときに使う表現です。つまり、話し手がその時間・年月を短いと感じたら「〜たばかりだ」を使うということです。

「まずはここから」の会話の「3か月前に引っ越してきたばかりです」と言った話し手は、慣れるには3か月では「短い」と感じているから「〜たばかり」を使ったのです。

そうかあ。そういえば、「地球の歴史から見れば、人類はまだ歩み始めたばかり」というような言い方もしますよね。地球が誕生したのが46億年前というスケールから考えたら、人類が現れてから現在までの400〜500万年は短いというニュアンスで使われているわけですね。

ポイント 「～たばかりだ」の意味・用法

「～たばかりだ」は、動作が終わってから経過した時間を、話し手が「短い」と感じたときに使う表現である。

[「～たばかりだ」と「～たところだ」の違いは？]

考えよう

次の（　　）に、「ばかり」か「ところ」を入れましょう。

日本に来た（　　　　）なんです。

へえ、いつ？

半年前。

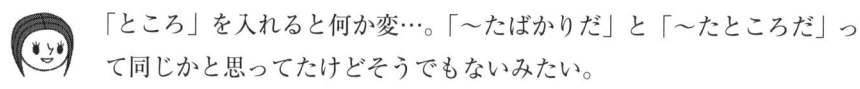

「ところ」を入れると何か変…。「～たばかりだ」と「～たところだ」って同じかと思ってたけどそうでもないみたい。

そうですね。（　）の中には「ばかり」が入ります。「～たばかりだ」が、動作が終わってからの時間を実際の時間の長さに関係なく、「短い」と感じている話し手の気持ちを強調する表現であるのに対して、「～たところだ」（参照：27課）は、本当にその時間が短いときに使う表現です。つまり、「動作が終了して実際に時間がたっていないということ」を表すのです。

> **ポイント** 「〜たばかりだ」と「〜たところだ」の違い
>
> 「〜たばかりだ」は、動作が終わってから経過した時間を、話し手が「短い」と感じたときに使う表現であるのに対し、「〜たところだ」は、実質的な時間に着目し、その動作が終わって時間が経過していないことを強調する表現である。

コラコラ＊コラム ＊＊＊＊＊＊＊＊＊＊＊＊＊＊＊＊＊＊＊＊

●「ばかり」がたくさん！ 「ばかり」ばっかり

　留学生のロンさんが、質問にやってきました。「先生、『〜ばかり』の使い方がわかりません。教えてください。」

　学習者がこのように質問をしてきたとき、その文型がどのような状況で使われ、どんな文だったかを具体的に聞き返します。1つの文型が、いろいろな意味・用法を持つこともしばしばなので「いつどんなときの表現か」がわからないと答えられないからです。

　「え？　どの『ばかり』？　どんなときに聞いたの？」という問いに、ロンさんは言いました。「例えば、この前、『あなたは遊んでばかりね』って言われたんですが、これは、『遊んだばかり』と同じ意味なんですか。」

　「で」と「だ」だけの違いですが、「（で）ばかり」は、「ある動作や行為をいつもしている、あるいはその動作・行為の量や回数が多いこと」を言うときの表現です。

　「ばかり」にはこの使い方のほか、

　　　テスト前日、遊んだばかりに単位を落とした。
　　　落第と聞かされ、ぼう然と立ちすくむばかりだった。
　　　ストレス解消に、1週間ばかり旅行してきます。

など、さまざまな意味・用法があります。

29
ハワイに行っ**たことがあります**か

● まずはここから

「○○たことがある」という表現を使った部分に下線を引きましょう。

A：ハワイに行ったことがありますか。
B：ええ、ありますよ。
A：夏に行こうと思うんですが、どこのホテルがいいか教えてもらおうと思って…。

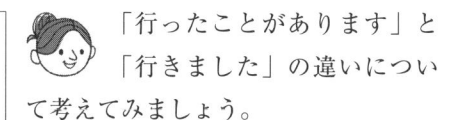

「行ったことがあります」と「行きました」の違いについて考えてみましょう。

● **ポイントをおさえよう**

[　　　「～たことがある」の意味　　　]

次の①～③で、「～たことがある」をつけて言えるのはどれでしょうか。

①風呂に入っ_____。
②歯を磨き_____。
③UFOを見_____。

③は言えますね。

「～たことがある」は経験を述べる表現で、「～た」は単に事実を述べる表現です。「風呂に入る」ことや「歯を磨く」ことは日常の習慣なので、経験とは言えず、「～たことがある」を使うことはできません。しかし、「UFOを見たことがある」は「UFOを見る」ことが日常の習慣や当たり前のことではないから言えるのです。

ポイント　「～たことがある」の意味・用法

「～たことがある」は話し手の経験を表す。ただし、日常的なことや当たり前のことには使わない。

[「〜たことがある」が使えない場合]

次の①〜③の中で不自然なのはどれでしょうか。

①昨晩、UFOを見たことがあります。
②先週、交通事故にあったことがあります。
③30年前に一度日本を訪れたことがあります。

①と②は変ですけど、なぜかな。

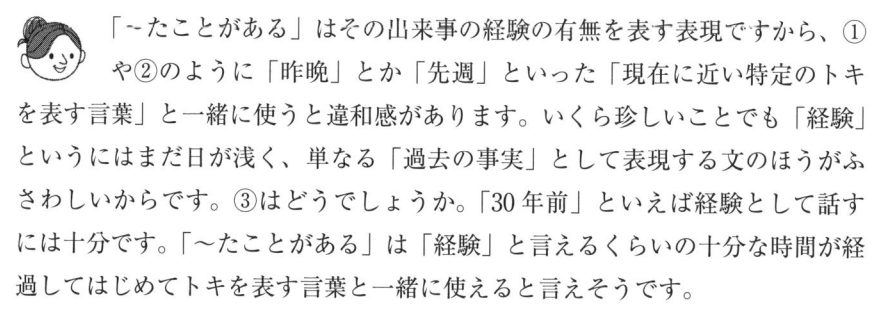

「〜たことがある」はその出来事の経験の有無を表す表現ですから、①や②のように「昨晩」とか「先週」といった「現在に近い特定のトキを表す言葉」と一緒に使うと違和感があります。いくら珍しいことでも「経験」というにはまだ日が浅く、単なる「過去の事実」として表現する文のほうがふさわしいからです。③はどうでしょうか。「30年前」といえば経験として話すには十分です。「〜たことがある」は「経験」と言えるくらいの十分な時間が経過してはじめてトキを表す言葉と一緒に使えると言えそうです。

「〜たことがある」の運用上の注意点

「〜たことがある」は現在に近い特定のトキを表す言葉と一緒には使えない。

29

経験を表す

30 パクさんの家に行って**みます**

● まずはここから

「○○てみる」という表現を使っている部分に下線を引きましょう。

先生：パクさん、ずっと休んでいますね。どうしたんでしょう。
学生：今日、帰りにパクさんの家に行ってみます。

「行ってみます」と「行きます」って、どう違うんでしょう。ここでは「〜てみる」について考えましょう。

● ポイントをおさえよう

[「～てみる」って、何を「みる」?]

考えよう　次の①②を比べましょう。

A：すみません、このデザインで23センチのありますか。
B：23センチはこちらです。①履いてください。
　　　　　　　　　　　　②履いてみてください。

②はいいけど、①はなんとなく変ですね。でも、なぜかな。

服や靴を買うとき、「着てみてもいいですか」とか「履いてみます」とか言いますね。これはその商品がいいか悪いか、似合うのか、サイズはどうかなど、結果がどうなのかを知りたいときの表現なのです。「まずはここから」の会話にある、教室で学生が使った「行ってみます」も、パクさんがずっと休んでいるのを心配して、パクさんは元気なのか、何をしているのかわからないので知りたいから様子を見てくるという意味ですね。

ポイント　「～てみる」の意味・用法

「～てみる」はできるかどうか、いいか悪いか、どんなヒト・モノ・コトか、などを知るために、その動作を試みることを表す。

● もうちょっとやってみよう

[「〜てみる」に「希望」を表す「〜たい」がつくと？]

この間、グアムに行ってきたんですよ。

そうですか。わたしも2年前に行ったことがあるんだけど、もう一度行ってみたい。

いいところだってわかっているのに「もう一度行ってみたい」って変じゃない？

　　ポールさん、この表現はこれでいいんですよ。「〜てみる」は「試みる」という意味が転じて、遠慮がちなニュアンスを表すことがあります。希望を表す「〜たい（参照：1課）」につけると表現がやわらかくなり、丁寧さが出てきます。

　　　　先生のご講義を受けてみたいです。
　　　　社長のご自宅に伺ってみたいです。

これらは「結果がどうかわからないが試しに」という意味ではなく、遠慮がちに希望を述べているのです。

※ポイント

「〜てみたい」の意味・用法

「〜てみたい」は、遠慮がちにその動作・行為をしたいという希望の気持ちを表す。

30

試みを表す

31
歩き**ながら**話しませんか

まずはここから

「○○ながら」という表現を使った部分に下線を引きましょう。

1
A：さちこさん、星がきれいですね。歩きながら話しませんか。
B：ええ。

2
A：僕は働きながら建築学を学んでいるんだ。今度、君に素敵な家を建ててあげるよ。
B：えっ、それってプロポーズ?

「歩きながら」と「働きながら」は同じ「〜ながら」ですが、この違いがわかりますか。

● ポイントをおさえよう

[「A ながら B」と「B ながら A」の違いは？]

「〜ながら」は 2 つの動作を同時にするという意味ですね。じゃ、「A ながら B」の A と B を入れ替えても意味は同じでしょうか。

「歩きながら話す」「話しながら歩く」同じじゃないかな。

考えよう　次の会話で部長は①②のどちらで答えるでしょうか。

部下：あのう、ちょっとお話ししたいことがあるんですが、お時間いただけますか。
部長：今から客と会うんだ。あまり時間がないから駅まで
　　　①話しながら歩いてもいいかな。
　　　②歩きながら話してもいいかな。

①は変ですね。でも、どうしてかな。

部下に「話したい」と言われていますから、部長は「どのように話すか」を答えないといけません。「どのように歩くか」を答えている①は返事になりませんね。つまり、「A ながら B」の B が主な動作であるというわけです。会話❶も同じですね。

ポイント　「〜ながら」の意味・用法 1

「A ながら B」は同時に 2 つの動作を行うことを表し、主たる動作は B である。

[「AながらB」はどんなときに使う？]

> ポールさんは働きながら勉強しているんでしょ。偉いですね。

> えっ？ 働きながら勉強したら、部長にしかられますよ。働くときは、働く。勉強するときは勉強する…。

考えよう

上の会話で、なぜ、ポールさんは勘違いしたのでしょうか。次の①②を比べて考えましょう。

①歩きながら話します。
②働きながら勉強します。

①は「歩く」と「話す」の2つの動作を同時にしていますが、②は「働く」ことと「勉強する」ことは同時にしているわけではなく、ある期間並行して2つの動作を繰り返し行っているという表現です。会話❷もこれと同じです。

ポイント

「〜ながら」の意味・用法2

「AながらB」は一定期間、AとBの2つのことを並行して繰り返し行うときに使う。

● もうちょっとやってみよう

[「座りながら話しましょう」はOK？]

ちょっと、疲れましたね。
あのベンチに座りながら話しましょう。

座りながら話す？
何か、変ですね。

歩きながら話すはOKなのに、どうしてかな？

考えよう

次の①〜④で不自然な文はどれでしょうか。不自然な文と正しい文の動詞に何か違いがあるか考えてみましょう。

①あの2人、もう30分もあそこで立ちながらしゃべっているよ。
②プールではゴーグルを着けながら泳いだほうがいいよ。
③運転しながら携帯電話で話すのは、交通ルール違反です。
④先生の話を、メモを取りながら聞きました。

不自然な文は、①の「立ちながら」と②の「ゴーグルを着けながら」ですね。

そうですね。「立つ・着ける」は瞬間的な動作を表す瞬間動詞（参照：用語解説）ですが「運転する・（メモを）取る」はある程度時間が必要な動作を表す継続動詞（参照：用語解説）です。「Aながら」のAは継続動詞でなければなりません。

「座りながら話す」「立ちながらしゃべる」「ゴーグルを着けながら泳ぐ」はそれぞれ、「座って話す」「立ってしゃべる」「着けて泳ぐ」のように「〜て」（参照：32課）を使って表します。

ポイント 「〜ながら」の注意点

「AながらB」のAは継続動詞で、AとB、2つの動作を同時に、あるいは、一定期間並行して行うことを表す。Aに瞬間動詞がくるときは「〜ながら」では表しにくい。

コラコラ＊コラム ＊＊＊＊＊＊＊＊＊＊＊＊＊＊＊＊＊＊＊＊

● 傘、さしながら…？

　ある日、ミカエルさんがプンプン怒って教室に入ってきました。「先生、僕は危ないと思います！　日本人は携帯で電話しながら自転車に乗ったり、傘をさしながら自転車に乗ったり…。僕はぶつかりそうになりました。」「それは危なかったですね。ところでミカエルさん、傘をさしながら…、ではなく、その場合は傘をさして…、と言わないと…。」「えっ、どうして？　日本人も傘をさしながら…、って、言ってますよ。」「えー！　ほんと？」

　この話を聞いて周りの人たちに確認してみると「傘をさしながら」と言う人もたくさんいました。これは「さす」という動作を頭の上に傘がある状態、つまり継続性のある動作ととらえているからだと考えられます。さて、みなさんはどう思いますか。

32
新幹線に乗っ**て**食べよう

まずはここから

「○○て」という表現を使った部分に下線を引きましょう。

A：腹、減ったなー。何か食べようよ。
B：もう時間がないから、弁当買って新幹線に乗って食べよう。

「弁当買って」と「新幹線に乗って」。この2つの「〜て」は同じでしょうか。

「弁当を買って」「新幹線に乗って」どこが違うんですか。

ポイントをおさえよう

[　　　「〜て」の意味　　　]

考えよう

次の①②は、両方とも「乗って」を使った文ですが、下線の動作をする場所はどこなのか考えましょう。

①トロッコ電車に乗って渓谷の景色を<u>見よう</u>。
②うちから鎌倉に行くには、まず山手線に乗って、東京駅で横須賀線に<u>乗り換えなければならない</u>。

①は電車の中かな。②は東京駅ですね。

そうですね。同じ「乗って」でも、②は「山手線に乗って、それから」という意味になります（参照：34課）。一方、①は「トロッコ電車に乗った状態で（車内で）」という意味になります。①のような「〜て」の使い方を文法用語で「付帯状況（ふたいじょうきょう）」と言います。次の例文も付帯状況の「〜て」です。

　　帽子をかぶって出かける。
　　座って話す。

それぞれ、「かぶった状態で〜」「座った状態で〜」という意味です。「まずはここから」の会話も「弁当を買って」は「買って、それから」という意味ですが、「新幹線に乗って」は「乗った状態で」という意味になります。付帯状況の「〜て」は「かぶる・着る・立つ」などの瞬間動詞（参照：用語解説）が多く用いられます。

ポイント　「〜て」（付帯状況）の意味・用法

「〜て」は、何かをした結果が残った状態で、別のことをするということを表す。

問題：次の「〜て」の中で、付帯状況はどれでしょうか。

①先生の話を聞いてノートに書きました。
②毎晩、パジャマを着て寝ています。
③眼鏡をかけて見てください。
④映画を見て食事しましょう。

付帯状況の「〜て」は②と③です。できたかな？

並行する動作、状態を表す

付帯状況の「〜て」の否定

考えよう ポールさんの間違いを正しく直しましょう。

> ポールさん、どうしたんですか。元気がありませんね。

> はい、今日のテストのために、昨日寝なくて勉強しました。

ポールさんは「寝ないで勉強した」と言わなければなりませんね。ところで、「〜て」の否定の形は「〜なくて」（参照：40課）と「〜ないで」があります。ポールさんは、寝ない状態で勉強したと言いたいのですから、これは付帯状況です。付帯状況の否定は「〜ないで」になります。

ポイント

「〜て」（付帯状況）の否定

付帯状況を表す「〜て」の否定形は「〜ないで」である。

32 並行する動作、状態を表す

て、
ながら…

33
洗濯し**たり**、料理を作っ**たり**してくれます

まずはここから

「○○たり○○たり」という表現を使った部分に下線を引きましょう。

❶
A：休みの日は夫が洗濯したり、料理を作ったりしてくれますのよ。
B：うちのは、ゴルフ行ったり、釣りしたり…。

❷
A：今日、雨、降るかな？
B：天気予報では、降ったりやんだりって言っていましたよ。

この「〜たり〜たり」の表現、❶と❷で意味が違います。

● **ポイントをおさえよう**

[　　　「〜たり〜たり」の意味1　　　]

> 会話❶の「休みの日は洗濯したり、料理を作ったりしてくれます」の表現は、次の①②のどちらの意味に近いでしょうか。
>
> ①休みの日は、洗濯と料理だけしてくれる。
> ②休みの日は、洗濯と料理以外のこともしてくれる。

②ですね。

ええ。「AたりBたり」というと、AやBと同様のことをほかにもするということを暗示しています。

「〜たり〜たり」の意味・用法1

「〜たり〜たり」は、いくつかの事柄や行為の中から例として2つ、3つ取り上げ、まだほかにもあることを暗示する。

[「～たり～たり」の意味２]

考えよう

今まで見てきた「～たり～たり」と次の①②はどこが違うのか考えましょう。

①分娩室の前で、夫は行ったり来たりしていたそうだ。
②息子の成績は上がったり下がったりでちっとも安定しない。

「行ったり来たり」「上がったり下がったり」って、決まり文句みたい。

そうですね。これは「行く」に対して「来る」、「上がる」に対して「下がる」というように反対語を連ねて、その動作が繰り返されることを表す表現です。会話❷の「降ったりやんだり」も「降る」ことと「やむ」ことが繰り返されているという意味ですね。

ポイント　「～たり～たり」の意味・用法２

「～たり～たり」は、対立的な意味の語彙を並べ、その動作が反復されることを表す。

33

並行する動作、状態を表す

34
印鑑を押し**て**、3番の窓口に出してください

まずはここから

「○○て」という表現を使った部分に下線を引きましょう。

A：あの、住民票の申請は…。
B：これに書いて、印鑑を押して、3番の窓口に出してください。

　　動詞のて形（参照：用語解説）は「～て、～」の形で「する（した）ことを順につないで言う」という用法があります。左の会話の「書いて、押して、出す」もそうですね。どんなことでもつなげて言えるんでしょうか。「～て」で文をつなげるときの「決まり」は何でしょうか。

● **ポイントをおさえよう**

[「～て」はどんなときに使う？]

考えよう 次のポールさんの言い方はどうして不自然なのでしょうか。

> 昨日、僕、銀行へ行って、お金を引き出して、財布を拾いました。

> したことを順に言っているのはわかるけど…。

　確かに、「銀行へ行く→お金を引き出す→財布を拾う」は続いて起こった一連のことには違いありませんが、お金を引き出したことと、財布を拾ったことには意味的なつながりがありません。だから不自然なんですね。「まずはここから」の会話を見てください。「書く、印鑑を押す、3番の窓口に出す」は住民票の申請のための手続きという点で意味的なつながりがあるでしょう？

ポイント 「～て」（順次動作）の意味・用法

「～て」は続いて起こる動作・行為や出来事を、起こる順につないで言うときに使う。ただし、時間的に続いていても意味的なつながりのない事柄を「～て」でつなぐことはできない。

「～て」でつないだ文の否定文は？

考えよう 次のポールさんの言い方のどこがおかしいか考えましょう。

> ポールさん、昨日あれから銀行へ行って、お金を引き出したんですか。

> いいえ。銀行へ行って、お金を引き出しませんでした。コンビニで引き出しました。

「銀行へ行って」って言うから銀行へ行ったのかと思いました。文末を「～ませんでした」と否定にしたから変なんですね。

そう。ポールさんは「銀行へ行かなかった」のですから「銀行へは行かないで、コンビニでお金を引き出しました」のように「行って」のところを否定の形にしなくてはいけませんね。もし行ったのなら「銀行へは行きましたが、お金は引き出しませんでした」です。

あのう、「行って」の否定の形は「行かないで」ですよね。でも「行かなくて」という形もありますね。「子供が学校に行かなくて、困っています」とか。

「～て」の否定は「～ないで」と「～なくて」（参照：40課）の2つの形があります。動作を順につなぐ（順次動作）「～て」の否定は「～ないで」です。

ポイント 「～て」（順次動作）の否定文

動作を順につなぐ「～て」の文の文末は否定にしない。また、「～て」の否定の形は「～ないで」である。

34

行為や出来事の前後関係、時を表す

35
原作を読ん**でから**見たほうがおもしろいよ

● **まずはここから**

「○○てから」という表現を使った部分に下線を引きましょう。

男：この映画、原作を読んでから見たほうがおもしろいよ。
女：わたしは「見てから読む」派なの。

　　　「AてからB」は「Aをする、それからBをする」。意味はそれだけで、簡単ですね。

　　　そうかな？　例えば「原作を読んで、映画を見る」と「原作を読んでから、映画を見る」は大きな意味の違いはないように見えますが、わたしたちはこれを使い分けていますね。では、「～てから」を使うとき、どんな意識が働いているのでしょうか。

● ポイントをおさえよう

[　「〜てから」はどんなときに使う？　1　]

考えよう
「まずはここから」の会話と次の会話は、それぞれ話題は違いますが、共通点があります。2つの会話で共通に問題になっていることは何でしょうか。

（温泉で）
A：髪、洗わないの？
B：体洗ってから、洗うよ。
A：へえ、そうなの。わたしはいつも髪を洗ってから、体を洗うけど。

共通の問題は、「順序はどっち？」ってことですね。

そう。どちらの会話も順序が問題になっています。つまり、「まずはここから」の会話で女の人が言いたいのは「わたしは『先に見る、それから読む』で、『読む、それから見る』の順序じゃない」ということですね。では「〜てから」を「〜て」（参照：34課）に変えてみると？

「わたしは映画を見て、本を読む」「体を洗って、髪を洗う」になりますが、「あなたと違う順序だ」という意図があまりはっきりしませんね。

ポイント
「〜てから」の意味・用法 1

「AてからB」は順序をはっきり表す。AがBより先の行為・出来事であり、その逆の順序ではないことを言うときに使う。

[「～てから」はどんなときに使う？ 2]

次の「AてからB」の文ではA、B2つの行為の順序を問題にしているでしょうか。

①お買いになったフライパンは一度空焼きしてからお使いください。
②日本人は「いただきます」と言ってから食べます。

「空焼きしてから使うか、使ってから空焼きするか」ということじゃないし、食べてから「いただきます」とも言えないし…。これは「どちらが先か」ではなく順序が決まっています。

そうですね。もちろん順序を言っているのですが、順序の問題というより「空焼きしないで使っちゃだめですよ」「いただきますと言わないで、食べることはしません」という言外の意味が伝わってきませんか。

「～てから」の意味・用法2

「AてからB」はAをしないでBをするのではないということを言うときに使う。

● もうちょっとやってみよう

[「～てから」はどんなときに使う？ 3]

> **考えよう**　ポールさんの言い方はどこが間違っているでしょうか。
>
> ポールさん、そのストラップ、いいですね。
>
> これ、僕のお守りなんです。これを買ったあとで、いいことばかり起こるんですよ。

「買ったあとで」が変、「買ってから」ですよね。でも、どうしてこの場合は「あとで」はだめで「てから」はいいんですか。「原作を読んでから映画を見た」は「原作を読んだあとで見た」とも言えるのに。

「から」に注目してみましょう。「から」は「東京から大阪」とか「1時から2時」のように起点を表しますね。つまりポールさんの場合も「ストラップを買ったそのときからいいことが起こる、という状態がずっと続く」ということを表すためには、「買ってからいいことばかり続く」と言わなければならないのです。「～あとで」にはこのように起点を表す用法はありません（参照：36課）。

> **ポイント**　「～てから」の意味・用法3
>
> 「AてからB」はある行為・出来事（A）が終わった時点から別の行為・出来事（B）が起こり、その状態が続くことを表すときに使う。

36

白いカプセルは食事する**まえに**飲んでください

まずはここから

「○○まえに」「○○あとで」という表現を使った部分に下線を引きましょう。

1
A：この白いカプセルは食事するまえに飲んでください。
B：はい。

2
客：記念写真はいつ撮るんですか。
ガイド：お城を見学したあとで撮ります。

　「～てから」（参照：35課）や「～まえに」「～あとで」は物事や行為の順序、順番を表す言い方ですね。
　「薬を飲んでから食事する／食事するまえに薬を飲む」
　「写真を撮るまえに見学する／見学したあとで写真を撮る」
お互いに言い換えができて意味も同じに思えますが…。
　うーん、そうかな。わたしたちはちゃんと使い分けているはずですよ。

● **ポイントをおさえよう**

[「〜まえに」は何を表す？]

> 学習者に「『いただきます』はいつ言うんですか」と聞かれました。あなたなら次の①②のどちらで答えますか。
>
> ① 「いただきます」は食べるまえに言うんですよ。
> ② 「いただきます」と言ってから食べるんですよ。

「いつ？」と聞かれれば、①のように答えると思います。「〜まえに」と「〜てから」は違いがありそうですね。

そうですね。「A まえに B」は「どういう順序でそれをするか」ということではなく、「B をするのは A のあとではなくまえだ」と前後関係を示していると言えます。

> 僕は日本へ来るまえに国で少し日本語を勉強しました。

このポールさんの言葉には「日本へ来てから日本語の勉強を始めたのではない」という意味合いが含まれていると思いませんか。

ええ、そうですね。あのう、「〜あとで」も「〜まえに」と同じように考えていいんでしょうか。

会話❷を見てください。お客さんは記念写真を撮ることはわかっていて、それが「いつ」なのか聞いています。そしてガイドはその質問に答えるのに「見学したあとで」と言っていますね。つまり「写真を撮るのは見学のまえではなくあとだ」とこれも前後関係を答えているということです。

ポイント 「〜まえに」「〜あとで」の意味・用法

「AまえにB」は、BがAのまえに行われることを表す。そのため、BはAのあとではないということを強調することがある。

「AあとでB」は、AよりBのほうがあとで行われることを表す。BはAのまえではないということを強調することがある。

36

行為や出来事の前後関係、時を表す

37
ハワイへ行った**とき**、買ったんだ

まずはここから

「○○とき」という表現を使った部分に下線を引きましょう。

A：いいだろ。去年ハワイへ行ったとき、買ったんだ。
B：派手なシャツ！

「～とき」は文字通り、その行為や出来事がいつのことかを表す表現です。しかし、「とき」と一言で言っても、長ーい「とき」もあれば一瞬の「とき」もあります。「とき」って何？

ポイントをおさえよう

[「～とき」が表すのはどんなトキ？]

考えよう

次の①～③の「とき」は「まえ」「あいだ」「あと」のどの意味でしょうか。

① 食事のとき、テレビを見ないで。
② 食事のとき、手を洗いなさい。
③ 食事のとき、いつも僕がお金を払います。

①は「食事しているあいだは、テレビを見ないで」、②「食事するまえに」、③はお金を払うのはたぶん食事したあとでしょうね。「あいだ」も「まえ」も「あと」も全部「食事のとき」！

ついでに言うと、「ピーナッツを噛んだとき、歯が欠けた」ならほとんど同時だということを表しますね。また①の「〜とき」は食事の始めから終わりまでの「一定の長さの時間」を指していますが、②③は食事の前後のある「時点」を「〜とき」で表しています。

「〜とき」って、さまざまな時間の幅を表しているんですね。

ポイント 「〜とき」の意味

「〜とき」は「一定の時間」も「時点」も表す。また「AときB」のAとBの時間的な関係も「まえ」や「あと」、「同時」などいろいろである。

「AときB」が時間的な前後関係を表す場合

考えよう 次の①②で、シャツを買ったのはハワイでしょうか、日本でしょうか。

①ハワイへ行ったとき、このシャツを買った。
②ハワイへ行くとき、このシャツを買った。

①はハワイへ行ってから買ったんだからハワイ。②はハワイへ行くまえに買ったってことだから答えは日本。

へえー、どうして、「行ってから」か「行くまえ」か、わかるんですか。

ポールさんの質問に答えるために、「AときB」の文についてちょっと整理してみましょう。次のア〜エのA、B、2つの行為の順序を考えて「A→B」「B→A」のように（　　）に書いてください。

ア～エの答えとAの動詞の形に何か関係がありませんか。

		A		B	順序
ア．	ハワイへ	行く	とき、シャツを	買う。	（　→　）
イ．	ハワイへ	行く	とき、シャツを	買った。	（　→　）
ウ．	ハワイへ	行った	とき、シャツを	買う。	（　→　）
エ．	ハワイへ	行った	とき、シャツを	買った。	（　→　）

　Aが「行く」のときは、順序はア、イともB→A、つまり「買う」コトが先で「行く」コトがあとです。「行った」のときはウ、エともA→Bの順になっています。

　そうですね。この「AときB」の文では、AとBの順序によって、動詞の形が決まるんです。つまりBの行為の時点でAの行為がまだこれからのことであれば、Aに「辞書形」を使い、すでに終わったことなら「た形」を使うのです（参照：用語解説）。

　　部屋に入るとき、ノックする／した。
　　　「ノック」のときにはまだ部屋に入っていない→辞書形
　　部屋に入ったとき、軽く一礼する／した。
　　　「一礼」のときにはすでに部屋に入っている→た形

そしてB（文末）は、その文全体が、これからのことか、終わったことかを表します。

ポイント　「AときB」の前後関係

「AときB」のAとBに時間的な前後関係がある事柄の場合、
　Bが先、Aがあとであれば「A（辞書形）ときB」
　Aが先、Bがあとであれば「A（た形）ときB」
を使う。

コラコラ＊コラム ＊＊＊＊＊＊＊＊＊＊＊＊＊＊＊＊＊＊＊＊

● 寝ている？　寝ていた？　ときに、地震が起きた

「朝6時前、まだみんな寝ているときに地震が起きたんですよ。」今日は阪神淡路大震災の報道写真集を一緒に見ながら、マナさんとおしゃべりした。地震の少ないタイから来たマナさんはわたしの話を聞きながら、盛んにメモを取っていたがふと顔を上げて「あのう、さっき『寝ているときに地震が起きた』って言いましたよね。『寝ていたときに地震が起きた』じゃないんですね。」「えっ？」確かに地震が起きたのは「寝ていたとき」だけど、「寝ているとき」って言うなあ。でも「寝ていたとき」でも間違いではない…、ということはどちらでもいい？　とっさに答えられず、わたしの宿題ということにして活動を終えた。

うちへ帰っていろいろ例文を考えてみた。

① 昨日の晩テレビを ｛ア．見ている／イ．見ていた｝ とき、急におなかが痛くなった。

② タイに ｛ア．いる／イ．いた｝ とき、ほとんど日本料理を食べなかった。

①②ともアもイも言える。では「見ている」「いる」の共通点は？　どちらも動作ではなく、状態を表していること。そうか！「AときB」の文で文末が過去形の場合、Aが状態を表すならAは「〜ている／いる」でも「〜ていた／いた」でもいいんだ。普通は「〜ている／いる」で、「〜ていた／いた」にすると過去のことを思い出して話す感じになるけどこの2つに大きな意味の違いはないと言える。

状態ということなら形容詞の場合はどうだろうか？

③ ｛若い／若かった｝とき、よく貧乏旅行をした。

やはりこれも先の動詞と同じでどちらも言えるが、普通は「若いとき、貧乏旅行をした」でいい。

あしたマナさんには「寝ている」でも「寝ていた」でもいいけど、普通は「寝ている」を使うと答えることにしよう。

38

今日は車で来ているから

まずはここから

「○○から」という表現を使った部分に下線を引きましょう。

A：飲まないの？
B：うん。今日は車で来ているから。

「～から」は理由を表しますが、ここでは改めて「理由」ということについて考えてみましょう。

● **ポイントをおさえよう**

[「AからB」…AとBの関係は？]

考えよう

「車で来ている（A）から、飲まない（B）」は「飲まない理由は？…車で来ているから」という質問と答えが成り立ちます。では次の①〜④は「Bの理由は？　…Aだから」と言えるでしょうか。

①明日会議があるから、今日中に資料を作らなければならない。
②おなかがすいたから、何か食べよう。
③欠席の連絡がありましたから、彼は来ませんよ。
④このレストラン、ミシュランガイドに載っているから、きっとおいしいよ。

①資料を作らなければならない理由は？…会議があるから。
②食べる理由は？…おなかがすいたから。

AはBの理由です。でも、③の彼が来ない理由はたぶん用事か何かで、欠席の連絡があったことが理由じゃありませんよねえ。うーん、よく見ると③は①②とはちょっと違うみたい。④もおいしい理由はシェフの腕かな。ガイドに載っていることは理由ではありません。

そうですね。つまり、③④のAはBの直接的な理由というより、話し手が「彼は来ない」と判断した根拠、「おいしい」と思う根拠とでも言えばいいかな。

ここでちょっと①〜④のBの文にも注目してみましょう。「〜なければならない」とか「〜よう」など話し手の意志を述べていますね。また、「彼は来ない」「おいしい」というのは話し手の判断です。「AからB」はこのようにBで話し手の意志や、判断・評価を述べるときに使われることが多いんですよ。

ポイント

「〜から」の意味・用法1

「AからB」はAがBの「理由」や「根拠」であることを表す。
またBは話し手の意志や、判断、評価を表すことが多い。

[理由を強調した言い方]

次の文を、理由を強調した文（強調構文）にするとどうなるでしょうか。

例：わたしが運転していた→運転していた<u>の</u>はわたしだ（強調構文）

日曜日ですから、込んでいます。→

「込んでいるのは、日曜日だからです」になります。でも、どんなときに言うのかなあ。

どうしてかと理由を聞かれて、これが理由だと強調して言いたいときはどうですか。

A：どうして込んでいるんですか。
B：（込んでいるのは）日曜日だからです。

「～から」の意味・用法２

「～から」は理由を強調して言いたいときは、「(～のは)～からです／～からだ」と言う。

38

理由・原因を表す

39

お席をご用意いたします**ので**、少々お待ちください

● **まずはここから**

「○○ので」という表現を使った部分に下線を引きましょう。

A：5人なんですけど。
B：ただ今お席をご用意いたしますので、少々お待ちください。

「〜ので」は「〜から」と同じじゃないんですか。

意味はほとんど同じですね。「〜から」は話し手の意志や判断の理由を言うときによく使われますが（参照：38課）、「〜ので」はどうでしょうか。どんなときに「〜ので」を使うか、考えてみましょう。

● ポイントをおさえよう

[「AのでB」のBの文の特徴]

> **考えよう**　次の①〜③の「AのでB」のBの文はどんな特徴があるでしょうか。
>
> ①実践的な内容ですので、すぐにお仕事に役立ちます。　（経営入門講座案内）
> ②大小５個ものポケットがついているので、外出・旅行時の必需品がすっきり納まります。　（多機能かばんの新聞広告）
> ③部屋はすべて海に面しているので、どの部屋からも雄大な景色を楽しむことができる。　（旅行ガイドブック）

　　　３つとも説明文ですね。講座の内容やかばんの機能、部屋の様子を説明しています。173ページ「考えよう」の「AからB」の文にはBに「〜なければならない」とか「〜よう」といった意志的な表現がありますが、上の「AのでB」のBにはありません。

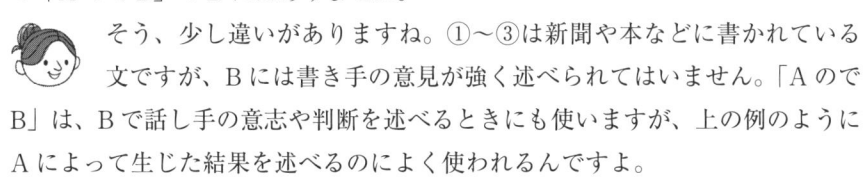

　　　そう、少し違いがありますね。①〜③は新聞や本などに書かれている文ですが、Bには書き手の意見が強く述べられてはいません。「AのでB」は、Bで話し手の意志や判断を述べるときにも使いますが、上の例のようにAによって生じた結果を述べるのによく使われるんですよ。

◆ポイント　「〜ので」の意味・用法

「AのでB」はAがBの理由であることを表す。Aによって生じた結果をBで述べるときによく使われる。

理由・原因を表す

「〜ので」と「〜から」の違いは？

> **考えよう**
>
> 次の①②で、「〜ので」を使うのと「〜から」を使うのとで何か違いがあるでしょうか。
>
> ①聞こえない {ので／から}、もう少し大きい声で話していただけませんか。
>
> ②A：30分も待っていたんですよ。
>
> B：すみません。友達が遅刻した {ので／から}、バスに乗り遅れたんです。

— ①は「〜ので」のほうがしっくりいくような気がするんですが、どうしてなんですか。

— 「〜ので」は「〜から」より丁寧でやわらかい印象を与えるからなんです。だから①のように「〜ていただけませんか」という丁寧な依頼には「ので」を使うほうがぴったりするんですね。「まずはここから」の会話でも敬語と一緒に使われているでしょ？ 逆に「危ないので、触るな」とは言いにくい、つまり命令や禁止などとは一緒に使われにくいのです。では、②はどうですか。

— ②も「〜ので」のほうがいいみたい。「友達が遅刻したから」って言うと、乗り遅れたのはそれが理由で、わたしには責任はありませんと言っているようなニュアンスを感じます。

— 「〜から」のほうが理由を主張しているように聞こえるんですね。

— そんな違いがあるとは知らなかった。今までいつも「〜から」を使ってたけど、これからは「〜ので」も使おうっと。

> **ポイント** 「〜ので」と「〜から」の比較
>
> 相手に何か頼んだり、許可を得たり、謝ったりするとき、その理由を述べる際には「〜から」より「〜ので」のほうが丁寧でやわらかく聞こえるため、「〜ので」が多く使われる。

40
君と出会え**て**よかった

まずはここから

「○○て」という表現を使った部分に下線を引きましょう。

A：君と出会えてよかった。
B：わたしも。

B：わたしと結婚して幸せ？
A：う、うん。

「〜て」は確かいろいろな意味がありましたね。この「〜て」は動作を順番に言うのとは違うし…。何かなあ。

左の「出会う」と「よかった」、右の「結婚する」と「幸せ」の関係を考えてみて。

● ポイントをおさえよう

[「AてB」…AとBの関係は？]

考えよう　次の①〜④の「〜て」はどんな意味でしょうか。

①足にマメができて歩けない。
②蒸し暑くて寝られない。
③君と出会えてよかった。
④聞いてびっくり、見てびっくり。

　①の「足にマメができた」は「歩けない」の原因かな。②も「蒸し暑い」は「寝られない」の理由ですよね。③は理由と言えなくもないけど、「出会えて、それで、よかったなあ」ぐらいの軽い理由って気がしますが。

　④も「どうしてびっくりしたんですか——聞いたからびっくりしました」というわけじゃありません。この「〜て」は積極的に理由を述べるというより、「AてB」のAの動作（聞く）が、B（びっくり）という結果になったという緩い因果関係を表しています。そう考えると①も「足にマメができた、だから、歩けない」と理由を主張するのではなく、「足にマメができた、その結果歩けない状態だ」とやんわり言ってるんですね。「まずはここから」の会話も、幸せなのはわたしと結婚したからかと聞いているわけではなく、結婚して今は幸せな状態か、と聞いているのです。次の例も見てください。

　　一緒に昼ご飯でもどうですか。

　　今日はちょっと用事があって…。

　へえ、こんな言い方ができるんだ。僕なら「用事があるので今日はだめです」って言うけれど…。「〜て」でそれとなく「理由」をほのめかし、しかも一緒に食べるかどうか言わないで、「〜て」で終わり。こういうのって難しいなあ。

「～て」（理由）の意味・用法１

「ＡてＢ」は、Ａではっきり理由を述べるというのではなく、Ａの動作や状態が生じたことで、結果的にＢの状態になることを表す。

[「ＡてＢ」のＢの特徴]

次のＡとＢは「～て」で接続できるでしょうか。接続できるものとできないものに分けて、下の表にＢの部分を書きましょう。それぞれどんな特徴があるでしょうか。

```
              Ａ                       Ｂ
例１：試験に合格しました……うれしいです。
例２：試験に合格しました……入学手続きをしなければなりません。
①財布をとられました…………とても困りました。
②財布をとられました…………カードで払ってもいいですか。
③迷惑をかけました……………すみません。
④迷惑をかけました……………謝りに行きたいです。
⑤字が小さいです………………読めません。
⑥字が小さいです………………拡大コピーしてください。
```

「～て」で接続できる
例１：うれしいです

「～て」で接続できない
例２：入学手続きをしなければなりません

接続できるのは「うれしいです」、①「とても困りました」、③「すみません」、⑤「読めません」。

「まずはここから」の会話も見てください。「出会えてよかった」「結婚して幸せ」。何か共通していませんか。

感情や気持ちを表す言葉かな。

そうですね。⑤「読めません」は動詞の可能の形（参照：用語解説）です。「AてB」のBには、話し手がコントロールできない無意志的な意味の表現が使われていることがわかりますね。

反対に「〜て」で接続できない文は「〜なければなりません」、②「〜てもいいですか」、④「〜たいです」、⑥「〜てください」。

希望とか、依頼とか、話し手の意志を表す表現は、「〜て」のあとにこないということですね。

> **ポイント** 「〜て」（理由）の意味・用法２
>
> 「AてB」はAの動作や状態の結果生じた感情や事態を表す。Bには無意志動詞（参照：用語解説）や形容詞などの状態を表す表現がくる。意志的表現は使えない。

[「～て」の否定の形は？]

ポールさんにどう説明すればいいでしょうか。

> 初めて日本へ来たとき、日本語が全然わからないでほんとに困りました。

> ポールさん、「わからなくて」ですよ。

> え？　でも僕にいつも「辞書を見ないで読みましょう」って言ってるでしょ？

　「～て」の否定の形は「～なくて」と「～ないで」の２つがあります。ポールさんは、日本語が話せない、それで困ったということですから、この「～て」は理由ですね。理由の意味のときは、否定の形は「～なくて」になります。

「～て」（理由）の否定

「AてB」のAを否定にするときは「～なくて」を使う。

理由・原因を表す

40

41
1億円当たっ**たら**、仕事を辞めるぞ

まずはここから

「○○たら」という表現を使った部分に下線を引きましょう。

1
夫：1億円当たったら、おれは仕事を辞めるぞ。
妻：また、そんな夢みたいなこと言って。

2
A：疲れたね。
B：うん。3時になったら、ちょっと休憩しようか。

「AたらB」は条件を表します。「条件」とは「B（仕事を辞めること）が成立するためには、A（1億円当たること）が必要である」ということです。

「～たら」は書き言葉より話し言葉でよく使われるという特徴がありますが、あなたはどんなときに「～たら」を使っていますか。上の❶「当たったら」、❷「3時になったら」はどちらも「条件」ですが違いがあるんですよ。どこが違うのでしょうか。

● ポイントをおさえよう

[何を条件とするか 1]

考えよう　会話❶で妻はどうして「そんな夢みたいなこと」と言ったと思いますか。

😊 それは当たるかどうか、わからないからじゃないですか。

😊 そう。つまりどうなるかわからないことを、夫は「当たったら」と仮定しているってことですね。夫の頭の中を絵にすると…。

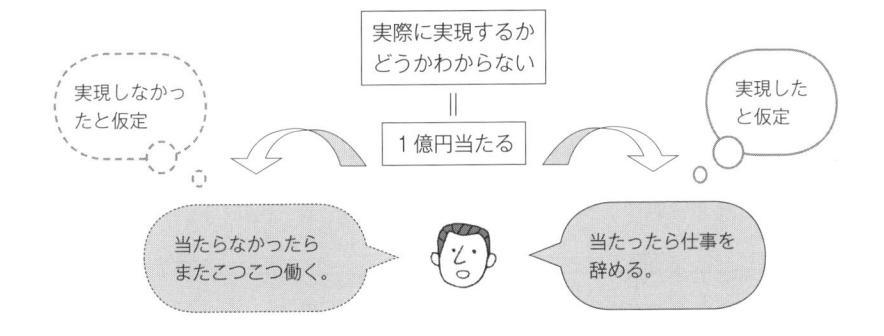

実現しなかったと仮定　／　実際に実現するかどうかわからない ＝ 1億円当たる　／　実現したと仮定

当たらなかったらまたこつこつ働く。　　当たったら仕事を辞める。

😊 この「〜たら」は一言で言えば「もしもの話」ってことですね。

ポイント　「〜たら」の意味・用法1

「AたらB」はAで実際にそうなるかどうかわからないコトを成立したと仮定し、Bで「どうなる」「どうする」ということを述べるときに使う。

[　　　　何を条件とするか２　　　　]

次の①〜④の最初に「もし」をつけて言える文に○、言えない文に×を書きましょう。

① (　) ３時になったら、ちょっと休憩しようか。
② (　) 地震が起きたら、まず火を消してください。
③ (　) 長い休みが取れたら、どこか南の島へ行きたい。
④ (　) 駅に着いたら電話するから、迎えにきて。

①「もし、３時になったら…？」④「もし駅に着いたら…？」これは変。ということは「仮定」ではない「〜たら」ということ？

①を言う時点ではまだ３時ではありませんが、「３時になるコト」は、必ず実現しますよね。④もまだ駅に着いていないけれど、駅に着くことは予定しています。そこが「宝くじが当たったら」のように実現するかどうかわからないコトを仮定するのと違うところです。

「〜たら」の意味・用法２

「AたらB」は、Aで将来ほぼ起こると決まっているコトが実現したと想定して、Bでそのとき「どうする」「どうなる」ということを述べるときに使う。

● もうちょっとやってみよう

[仮定ではないもう1つの「～たら」]

考えよう　正しいのはどちらでしょうか。

①新宿へ行ったら、ばったり昔の恋人に {会った／会う}。
②箱を開けたら、素敵なかばんが {入っていた／入っている}。

①は「会った」、②は「入っていた」。過去形しか使えない。ということはこれはいつも過去の話？「宝くじが当たったら」は未来の話だったけど…。

　この「～たら」の特徴は文末が必ず過去形になること、つまりすでに起こったコトを述べているという点です。そして、①の話し手は新宿へ行くまで、昔の恋人に会うことはわからなかったし、②の話し手も箱を開けるまで中に何が入っているかわからなかったはず。「行ってたまたま会った」「開けて初めてかばんだとわかった」というのがこの文の意味です。

ポイント　「～たら」の意味・用法3

「AたらB」はAのことがきっかけで、Bのことが初めてわかった、Bのことに気づいた、あるいは予期しない出来事が起こったという過去のことを表す。

コラコラ＊コラム ★★★★★★★★★★★★★★★★★★★★

● 友達が立っていたのはドアを開けたとき？

　アメリカ人のアイラさんが作文を書いてきた。題は「わたしの日曜日」。
「…朝、10時ごろ起きた。冷蔵庫を開けたとき、中に何もなかった。それでスーパーへ買い物に行った。（略）食事をしているとき、玄関のベルが鳴った。ドアを開けたとき、友達が立っていた。…」
「アイラさん、ここは『冷蔵庫を開けたら、中に何もなかった』『ドアを開けたら、友達が立っていた』にしましょう。」「えっ、『たら』って 'if' でしょう？　ここは 'when' だから『とき』じゃないんですか。」「何かをしたあと、何かに気がついた、何かがわかったというときは『～たら～た』って言うんですよ。」
　日本語の「～たら」は英語に訳すと 'if' や 'when' や 'after' になることが多い。だから、翻訳だけに頼るとアイラさんのような間違いが起こりやすい。
「だって、『中に何もなかったのはいつですか―冷蔵庫を開けたときです』ということじゃないでしょ。『友達が立っていたのはいつですか―ドアを開けたときです』って変でしょう？」アイラさんはわたしの説明を聞いて、納得したようだった。

41

条件を表す

42
時がたて**ば**、忘れるよ

● **まずはここから**

「○○ば」という表現を使った部分に下線を引きましょう。

1
A：彼女にフラれた。おれはもうだめだ。
B：元気出せよ。時がたてば、忘れるよ。

2
A：パリへ行ったことは？
B：ないんですよ。機会があれば、ぜひ行ってみたいですね。

「AばB」は条件を表します。条件表現の「～たら（参照：41課）」「～ば」「～と（参照：43課）」は用法が重なる部分も多いのですが、ここではどんなことを言うときに「～ば」をよく使っているか考えてみましょう。

ことわざにはよく出てくる…。

三人寄れば
文殊の知恵

朱に交われば
赤くなる

ポイントをおさえよう

[「当然」「いつも」の「〜ば」]

考えよう　次の①〜③の「AばB」の文で、AとBの関係を考えてみましょう。

①夏が来れば、思い出す、はるかな尾瀬、遠い空　♪　♪
②手のひらを太陽に透かして見れば、真っ赤に流れる僕の血潮
③遠く離れてしまえば、愛は終わると言った。もしも許されるなら眠りについた君を…ああ、だから今夜だけは…
　♪　♬

（カラオケ日本語教室です）

まず①は、毎年夏が来るたびに必ず思い出すってことですよね。②も太陽に透かして見たときには、いつも赤い血潮が見える、③の「君」は遠距離恋愛はきっと破局という結果になると思っている。

なかなか深い洞察力！　つまりAが実現すれば、いつも／必ず／きっとBという結果になるということですね。会話❶でも「時がたてば、（きっと）忘れるよ」と失恋した友達を慰めています。

この「〜ば」は「〜と」でも言えると思いますが。

はい。「〜と」にも同じ用法があります（参照：43課）。
　遠く離れてしまうと、愛は終わる。
　遠く離れてしまえば、愛は終わる。
「〜と」は「遠距離恋愛の法則」「一般論」という感じ、「〜ば」は「離れなければ愛は続く」というニュアンスも含んでいるような気がするのですがどうでしょうか。

ポイント　「〜ば」の意味・用法１

「AばB」は、Aの条件が実現すれば、当然あるいは必然的にBも実現することを表す。物事の道理や一般的な理屈、その条件下でいつもそうなることを言うときによく使われる。

条件つきでいろいろな意志を表す「A ば B」

会話❷の「機会があれば、ぜひ行ってみたい」は「必ずそうなること」じゃありませんよね。

そうですね。ほかにも文を考えてみましょう。

①機会があれば、ぜひ行きたい。(希望)
②安ければ、買おう。(意向)
③忙しくなければ、手伝ってください。(依頼)

①は、行きたいけれど、それは機会に恵まれるという条件が満たされればの話、②③も条件をつけて意向を表したり、頼んだりしています。「〜ば」はこのように、条件つきで話し手のいろいろな意志を表すときにもよく使います。

考えよう

次のポールさんの言い方はどこが間違っていますか。どう直せばいいでしょうか。

「機会があれば、行ってみたい」だから

イタリアへ行けば、ぜひ、ナポリへ行ってみたいなあ。

「機会があれば行ってみたい」はいいのに「イタリアへ行けばナポリへ行ってみたい」はだめですね。どうしてかな。

「イタリアへ…」の文はAとBの主語が同じですね。「AばB」のAとBの主語が同じ場合、Bで話し手の意志を表すときには、Aが状態を表す表現(形容詞、ある、いる、動詞の可能の形など)でなければならないんですよ。Aの「行けば」が状態を表していないので、おかしいんですね。

「〜ば」の意味・用法2

「AばB」は、Aを条件として、Bで話し手の意志(願望、意向、依頼、助言など)を述べる。そのとき、Aには状態を表す表現(形容詞、ある、いる、動詞の可能の形など)がくる。

> 「今度イタリアへ行ったら、ナポリへ行ってみたい」ならOKですよ、ポールさん。「〜たら」はBの文に制限がありませんから。

> じゃ、いつも「〜たら」を使えばいいですか。

うーん、書くときや改まった場面で話すときは「〜ば」がよく使われます。何でも「〜たら」というのではなく、話す内容や場面に合わせて「〜ば」や「〜たら」が使えるといいですね。

もうちょっとやってみよう

[事実に反する「～ば」]

考えよう 次の①～③の「A ば B」の文で、A は実際のことでしょうか。

① タクシーで行けば、間に合った。
② けがをしていなければ、今日の試合に出られるんですが。
③ こんなとき近くに友達がいれば、相談できるのに。

①の「タクシーで行くこと」は実際にはしていません。②③も、A は事実とは違うことですね。

そう、反事実の文です。文末に「～のに／～けど／～が」や「～だろう」などの表現がよく使われます。①はタクシーで行かなかったことを後悔しているようなニュアンスが感じられますね。②③は残念な気持ちでしょうか。

ポイント 「A ば B」の意味・用法 3

「A ば B」は、実際にはしなかったが、した、あるいはそうではなかったけれど、そうだったと仮定して（A）、その結果を想像して述べる（B）ときに使う。

42

条件を表す

43

この曲を聴くと、青春時代がよみがえるの

まずはここから

「○○と」という表現を使った部分に下線を引きましょう。

娘：また、いとしのエリー？
母：そうよ。この曲を聴くと、青春時代がよみがえるの。

41課で条件の「〜たら」、42課で「〜ば」を学びましたが、この「〜と」も似ていますね。

似ていますが、やはりそれぞれに特徴があるんですよ。「〜と」はどんなときに使っていますか。「〜と」の文をいろいろ考えてみてください。

ポイントをおさえよう

[　　　　「〜と」はどんなときに使う？　　　　]

考えよう

次の①〜③の「AとB」の文で、AとBの関係を考えてみましょう。

①足元のペダルを踏むと、水が流れます。
②そこを右に曲がると、交番があります。
③三角形の内角を足すと、180度になる。

うーん…。①は水洗トイレの使い方、②は道案内ですね。③は数学の法則。

①ではだれがペダルを踏んでも水が流れることに変わりはなく、②では交番は常にそこにある。③の数学の法則も変わりません。Aの条件ではいつもBなのです。つまりAで条件を設定して、その条件によってBでいろいろな事柄を述べるというのではなく、AとBは切っても切れない関係だと言えます。

「まずはここから」の会話のお母さんにとって、「いとしのエリー」と青春時代の思い出は「ワンセット」ってことですね。

もう少しいろいろな例を見てみましょう。左と右の文を「～と」「～たら」「～ば」でつないで、声に出して読んでみてください。

水の温度が100度になる	水蒸気になる
秋になる	木の葉が色づく
これを回す	音が大きくなる
父はお酒を飲む	歌を歌いだす

やっぱり「と」が一番ぴったりって感じ。

自然現象や法則、機器の使い方、習慣的なことなどを言うのは「～と」が多いようですね。

ポイント 「～と」の意味・用法

「AとB」はAが成立すればその結果としてBが必ず起きる、自然にそうなることを表す。一般的な法則や機械などの使い方、道順の説明、習慣的事実などを言うときによく使われる。

「〜と」の文末

考えよう

次の①〜④の2つの文を「〜たら」「〜ば」「〜と」でつないで、使えないものに×を書きましょう。

① 給料をもらう　　　（たら／ば／と）　新しい車を買おう。[意向]
② 安い　　　　　　　（たら／ば／と）　買いたい。[希望]
③ 時間がある　　　　（たら／ば／と）　見にきてください。[依頼]
④ お酒が飲めない　　（たら／ば／と）　飲まなくてもいい。[不必要]

「〜たら」は全部使えます。「〜ば」は①だけ×、「〜と」は全部×です。

「たら」は、「買おう」「買いたい」など話し手の意志を表す表現と一緒に使えます。「ば」も前の文が形容詞やある、いる、動詞の可能の形（参照：用語解説）などであれば、後の文で話し手の意志を述べることができます。しかし「と」は話し手の意志を表す表現と一緒に使うことはできません。

ポイント　「〜と」の運用上の注意点

「AとB」のBに意向や希望、依頼、不必要、禁止のような意志的な表現は使えない。

43

条件を表す

44

焼く**なら**アジ、煮つける**なら**カレイ

まずはここから

「○○なら」という表現を使った部分に下線を引きましょう。

1
A：医学部受けるなら、もっと数学、頑張らないと。
B：はい…。

2
A：何にしようかなあ…。
B：焼くならアジ、煮つけるならカレイ。うまいよ！

　「医学部受けるなら、もっと頑張れ」「嫌いなら、食べなくてもいい」のように「〜なら」も「〜たら／〜ば／〜と」（参照：41課、42課、43課）と同じく条件を表しますが、「〜なら」にはほかの3つとは異なる意味・用法があるんですよ。

　そういえば「飲んだら乗るな、乗るなら飲むな」っていう標語があったけど、この「〜たら」と「〜なら」は違うってことですか。何が違うんですか。

　ヒントは「AならB」のAとBの時間的な関係。

● ポイントをおさえよう

[　「〜なら」「〜たら」「〜ば」の違いは？　]

考えよう
次の①②で、A（行く）とB（予約する）はどちらが先でしょうか。

①東京へ行ったら、まずホテルを予約しよう。
②東京へ行くなら、まずホテルを予約しよう。

　①は当然A（行く）が先、②はB（予約する）が先ですね。

　そうですね。「〜なら」の文はBが先でAがあとになっています。では次の文はどうですか。

③パリへ行けば、いいかばんが買える。
④パリへ行くなら、いいかばんを買いたい。

　③はAが先。
　④は、「パリへ行くなら、パリの街に似合うようないいかばんを買って持っていきたい」の意味だったらBが先。「パリへ行くなら、ルイヴィトンのパリの本店でかばんを買いたい」の場合はAが先。状況によってどちらも考えられます。

　そうなんです。「AたらB」「AばB」「AとB」はどれも必ずAの行為が先でBがあとなのに対して、「AならB」はAが先だったり、Bが先だったり、どちらもありうるのです。これが「〜なら」の大きな特徴です。

　「Aが成立する、そのあとにBが成立する」という条件とはちょっと違うんですね。

　②の「東京へ行くなら」は「東京へ行く予定があるなら」「東京へ行く意志があるなら」という意味だと考えるといいでしょう。実際に行くことを仮定するのではなく、「行く」という予定・考えがあることを前提にして、「予約しよう」と言っているわけです。

> 「飲んだら乗るな」は「もし飲んだら、そのあと乗ってはいけない」、「乗るなら飲むな」は「乗る予定があるなら、乗るつもりなら、飲んではだめ」。わかりました！

ポイント 「～なら」の意味・用法 1

「A なら B」は A の事柄が予定されている、あるいはそのような意志があることを前提として、B のことを述べる。
「A たら／ば／と B」のような、A のあとに B が起こるという時間的前後関係は、あるときとないときがある。

「～なら」のよく使われる用法

例のように、次の会話を完成しましょう。

例　客：おいしいすしが食べたいんだけど、どこかいい店、ない？
　　タクシー運転手：おすしなら、港の近くの「海力」って店がお勧めです。
① 夫：薬はどこかな？
　　妻：胃の薬なら、＿＿＿＿＿＿＿＿＿＿＿＿＿＿＿＿＿
② 娘：午後、ちょっと出かける。
　　母：出かけるなら、＿＿＿＿＿＿＿＿＿＿＿＿＿＿＿＿

例えば「胃の薬なら、引き出しの中ですよ」「出かけるなら、帰りに卵買ってきて」というのはどうですか。

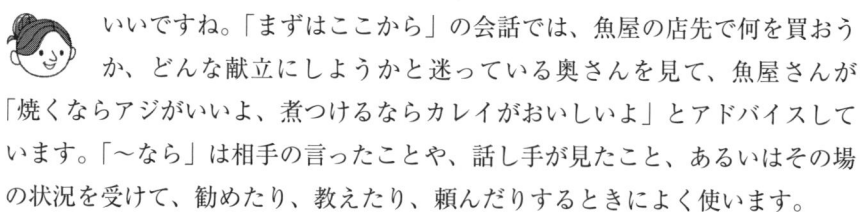

いいですね。「まずはここから」の会話では、魚屋の店先で何を買おうか、どんな献立にしようかと迷っている奥さんを見て、魚屋さんが「焼くならアジがいいよ、煮つけるならカレイがおいしいよ」とアドバイスしています。「～なら」は相手の言ったことや、話し手が見たこと、あるいはその場の状況を受けて、勧めたり、教えたり、頼んだりするときによく使います。

> **ポイント** 「〜なら」の意味・用法 2
>
> 「A なら B」は、相手が言ったことや、目の前で見たことを A で受けて、それについて、話し手の判断や意見を B で述べるときによく使われる。

45

条件のいい仕事に就く**ために**勉強しています

まずはここから

「○○ため（に）」という表現を使った部分に下線を引きましょう。

先生：どうして日本語を勉強しているんですか。
学生：国で条件のいい仕事に就くために勉強しています。

「～ため（に）」の意味は1つではありません。「交通ストのために電車が不通になった」のように「原因や理由」を表す「～ため（に）」もありますが、ここでは、左の会話のような「目的」を表す「～ため（に）」について考えていきましょう。

● **ポイントをおさえよう**

[「Aため（に）B」…AとBとの関係は？]

考えよう　次の「Aため（に）B」のBに入る文をできるだけたくさん考えましょう。

家族でグアムへ行くため（に）_____

　ええと…、例えば、「貯金する」とか「パスポートを取る」とか、「大きめのスーツケースを買う」とか。することはたくさんありますよね。

　そうですね。Aの部分が「家族でグアムへ行く」という目的を表し、Bの部分「貯金する」などがその手立てです。「まずはここから」の会話も「国で条件のいい仕事に就く」というのが目的で、「勉強する」というのが手立てだというわけです。

ポイント　**「～ため（に）」の意味・用法1**

「Aため（に）B」は、話し手の目的をAで述べ、そこに到達するための手立ての動作・行為をBで述べる表現。

[「Aため（に）B」…「A」をする人と「B」をする人は同じ人？ 違う人？]

次の①②で、正しい文はどちらでしょうか。

①東京へ行くために貯金をする。
②息子がにんじんを食べるために（わたしは）小さく切った。

正解は①。

だけど、②はどうしてだめなのかなあ。うまく説明できないわ…。

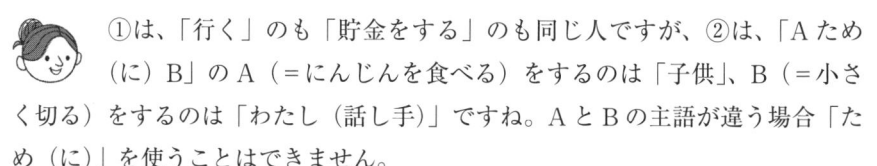

①は、「行く」のも「貯金をする」のも同じ人ですが、②は、「Aため（に）B」のA（＝にんじんを食べる）をするのは「子供」、B（＝小さく切る）をするのは「わたし（話し手）」ですね。AとBの主語が違う場合「ため（に）」を使うことはできません。

なるほど。正しい①の文は、確かにAとBの主語が同じですね。

僕は新聞を読めるために漢字を勉強しています。

うーん、AとBの主語は同じだけど、ポールさんの言い方は変ですね。どうしてなんですか。

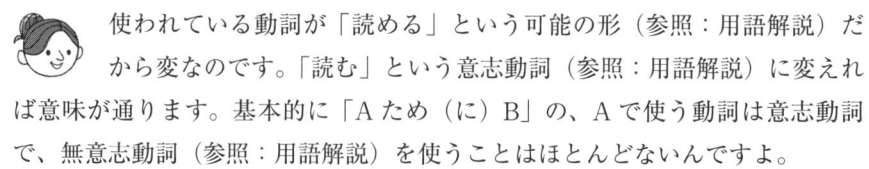

使われている動詞が「読める」という可能の形（参照：用語解説）だから変なのです。「読む」という意志動詞（参照：用語解説）に変えれば意味が通ります。基本的に「Aため（に）B」の、Aで使う動詞は意志動詞で、無意志動詞（参照：用語解説）を使うことはほとんどないんですよ。

> **ポイント** 「～ため（に）」の意味・用法 2
>
> 「A ために B」の A の動作を行う主体と、B の動作を行う主体は同じである。A、B には意志動詞が使われることが多い。

46
忘れない**ように**しっかりメモしておいてくださいね

まずはここから

「〇〇ように」という表現を使った部分に下線を引きましょう。

A：次の会議、いつでしたっけ？
B：来週の水曜日、2時からです。忘れないようにしっかりメモしておいてくださいね。

「忘れない」という状態と、「しっかりメモしておく」という動作の関係に着目して考えてみましょう。

ポイントをおさえよう

[　　　「AようにB」…AとBとの関係は？　　　]

> **考えよう**
> 次の「AようにB」のAに入る文をできるだけたくさん考えましょう。
>
> ＿＿＿＿＿＿＿＿＿＿ように毎日運動する。

　「太らない」とか、「元気に暮らせる」とかはどうですか。Aには、そうなりたいことを入れて文を作ると作りやすいです。

　「AようにB」の文は、Aが結果としてこうなったらいいなという「目標・目的」ですね。そして、BにはAという目的を実現するのに必要な動作や行為が入ります。 毎日運動する　その結果　太らない　元気に暮らせる　などが実現するわけです。「まずはここから」の会話の　しっかりメモしておく　その結果 忘れない　という関係が見えてきましたか。

> **ポイント**　「〜ように」の意味・用法1
>
> 「AようにB」は、なりたい、あるいは望ましい状況や状態を「目的」として Aで述べ、それを達成するための行為や動作をBで述べる。

46　目的・目標を表す

[「AようにB」…「A」をする人と「B」をする人は同じ人？ 違う人？]

次の①～③の「AようにB」の文で、AとBの主語は同じですか、違いますか。

①インフルエンザにならないようにうがいをする。
②しっかり勉強するように環境を整えてやる。
③速く走れるように毎日ジョギングしています。

「インフルエンザにならない」を目指す人と「うがいをする」人、「速く走れる」を目標にする人と「毎日ジョギングする」人はそれぞれ同一人物ですから、①と③の主語は同じだと思います。

そうですね。②の「しっかり勉強する」のは、子供や学生であり、「環境を整えてやる人」は例えば、親や教師です。つまり、②のAとBの主語は違うということです。

ということは、「AようにB」の場合は、AとBの主語は同じでも違っていてもいいということなんですね。それから、「～ため（に）」（参照：45課）のときは、使える動詞の種類にルールがありましたけど、「～ように」のときはどうなんでしょう？

例えば、次の文はどうでしょう。

健康を維持するように毎日運動する。

この文は、Aの「維持する」が意志動詞（参照：用語解説）だから変なのです。AとBの主語が同じときは、Aには動詞のない形や可能の形（参照：用語解説）などを使います。でも、②のようにAとBの主語が違うときには、Aに「勉強する」などの意志動詞が使われることもあるんですよ。

ポイント 「～ように」の意味・用法 2

「A ように B」は、A と B の主語が同じときには、A には動詞のない形や可能の形（参照：用語解説）などが使われることが多い。
　ただし、A と B の主語が違うときには、A に意志動詞が使われることもある。

47
レジ袋はもらわない**ようにしている**の

まずはここから

「〇〇ようにしている」という表現を使った部分に下線を引きましょう。

A：かわいいバッグね。
B：これ？　エコバッグ。レジ袋はもらわないようにしているの。

「レジ袋はもらいません」と言ってもいいですよね。
意味はほとんど同じですね。「もらわない」と「もらわないようにしている」、それぞれどんなときに使っているか、考えてみましょう。

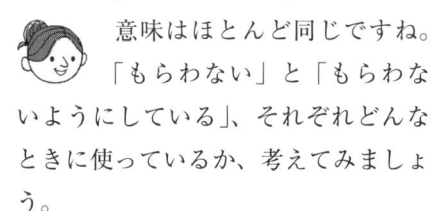

◼ ポイントをおさえよう

> 「～ようにしている」はどんなときに使う？

考えよう　次の①②で、より適切なのはア、イどちらだと思いますか。また、どうしてそう思いますか。

①野菜を食べることを常に心がけて、努力していそうなのはどちら？
　ア．毎日、野菜を食べています。
　イ．毎日、野菜を食べるようにしています。
②ダイエットのために大好きな甘い物をいつも我慢しているのが感じられるのはどちら？
　ア．食後のケーキは食べません。
　イ．食後のケーキは食べないようにしています。

　どちらもイかな。①は「食べるようにしている」のほうが、「野菜は苦手だけど頑張って食べている」という感じがします。
　そうですね。②も「ケーキが大好き、食べたい、でもやせるために我慢するぞー、食べないぞー」という涙ぐましい努力が、「食べないようにしている」のほうに、より強く表われていませんか。
　「まずはここから」の会話の奥さんもエコバッグを持っているということは、今日だけレジ袋を「もらいません」ではなく、普段からもらわないことを心がけているということですね。

ポイント　「～ようにしている」の意味・用法

「～ようにしている」は、あることをする、あるいはしないということを目標にして努力を続けている、常に心がけているということを表す。これから努力する、心がけるということを表すときは「～ようにする」を使う。

48

ほら、乗れる**ようになった**んだよ

まずはここから

「○○ようになる」という表現を使った部分に下線を引きましょう。

A:お父さん、見て！　ほら、乗れるようになったんだよ。
B:すごい、すごい。

「景気が悪くなった」とか「売上が2倍になった」「新しい駅ができれば便利になる」のように「〜なる」は変化を表します。動詞と結びつく場合は、「〜ように」を使って「〜ようになる」と言いますね。では「〜ようになる」はどんなことの変化を表しますか。

● ポイントをおさえよう

考えよう　何が変化したか、考えてみましょう。

①僕、自転車に乗れるようになったよ。
②30年後にはだれでも月へ行けるようになるかもしれない。
③この駅に急行が止まるようになった。
④退職後、夫は毎朝ジョギングをするようになった。

①は「乗れなかったのが乗れる」のですから、変わったのは能力。②は今までなかった可能性が出てくるということかな。③は環境というか状況が変わった、④は夫の生活習慣が変わりました。

そして、今は①の僕は「自転車に乗れる」状態ですね。急行も毎日駅に止まるし、夫がジョギングをするのも1回限りのことではありません。ずっと続く状態、あるいは身についた習慣です。「～ようになる」は「変化して、ある状態になる」ことを表しているんですね。

ポイント　「～ようになる」の意味・用法

「～ようになる」は、能力や状況・習慣が変わり、その状態が続くことを表す。

もうちょっとやってみよう

[「～ようになる」と言えない動詞]

ポールさん、日本の生活はどうですか。食べ物は何でも大丈夫？

はい、だいぶ、慣れるようになりました。

「慣れました」でいいんだけど…。

考えよう

上の会話のように、どうして「慣れるようになった」と言えないのでしょうか。次の①②の動詞に着目して考えてみましょう。

① ×3キロ、太るようになった。
② ×先月も今月も旅行したので、貯金が減るようになった。

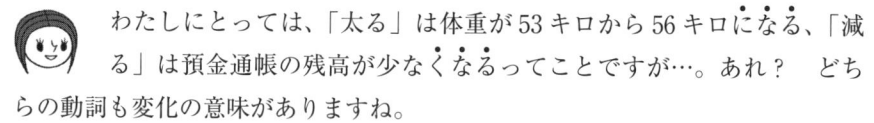

わたしにとっては、「太る」は体重が53キロから56キロになる、「減る」は預金通帳の残高が少なくなるってことですが…。あれ？ どちらの動詞も変化の意味がありますね。

そう。「慣れる」や「太る」「減る」は、その動詞自体が変化の意味を持っています。このような動詞は、変化したあとの結果は「慣れた」「太った」と言えばよく、「～ようになった」と言う必要はありません。ほかにも「縮む」「伸びる」「広がる」などいろいろあります。みなさんも考えてみてください。

コラコラ＊コラム ＊＊＊＊＊＊＊＊＊＊＊＊＊＊＊＊＊＊＊

● 「～ようになる」の否定は？

　日本語教室で忘年会の相談をしていたときのこと。「ユンさんは肉が好きなんでしょ。じゃ忘年会は焼肉屋にする？」「日本は魚がおいしいから、僕は最近肉を食べないようになりました。だから日本料理のほうがいいです。」結局、忘年会は「ちゃんこ鍋」になりましたが、わたしはユンさんの「食べないようになりました」という言い方が気になりました。授業では「～ようになる」の否定は「（食べ）なくなる」と説明しているからです。そこで、一緒にいたボランティアの人たちに聞いてみたら、「気がつかなかったけれど、そう言われれば…」という反応。はっきり「間違いだ」と言う人は意外に少なかったのです。

　さて、みなさんはどうですか。次の文の下線部分を否定にすると？

①うちの子は１歳になる前に歩けるようになった。
→ひざの手術をしてからあまり長い距離は（　　　）なった。
②最近は小学生も携帯電話を使うようになった。
→最近は携帯電話が普及して、みんな公衆電話を（　　　）なった。

　①は「歩けなくなった」のほうがいいけれど、②の場合には「～ないようになる」もOKかなという気もします。
　みなさんもいろいろ例文を作って、ほかの人にも聞いてみてください。

49

雨が降っ**ても**、あるんですか

● **まずはここから**

「○○ても」という表現を使った部分に下線を引きましょう。

❶
A：あした、雨が降っても、あるんですか。
B：雨が降ったら休みです。

❷
A：ボタンを押しても、つかないんですが。
B：お客様、それはエアコンのリモコンですが。

❶の「〜ても」と「〜たら」、何か関係がありそう。

では、その関係から見ていきましょう。

● **ポイントをおさえよう**

[　　　　　「～ても」と「～たら」の関係は？　　　　　]

考えよう

次の①②の「AたらB」の「～たら」を「～ても」にして、Bの文を作ってみましょう。「～たら」と「～ても」はどんな関係にあるでしょうか。

①もし雨が降ったら、中止します。
　→もし雨が降っても、＿＿＿＿＿＿＿＿＿＿＿＿＿＿＿＿＿＿＿
②わたしはお酒を飲んだら、顔が赤くなる。
　→わたしはお酒を飲んでも、＿＿＿＿＿＿＿＿＿＿＿＿＿＿＿

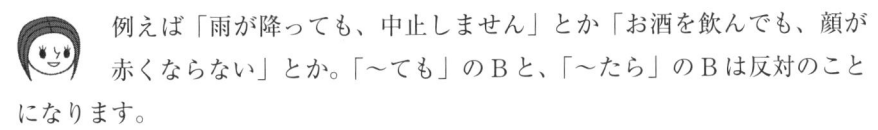

　例えば「雨が降っても、中止しません」とか「お酒を飲んでも、顔が赤くならない」とか。「～ても」のBと、「～たら」のBは反対のことになります。

　そうですね。Aの部分はどうでしょう。「～ても」も「～たら」も、Aは話し手が仮定した条件だという点は同じです。しかし「～ても」は逆接を表しています。逆接というのはAから予想されることとは反対のことがBに来るような関係を言います。

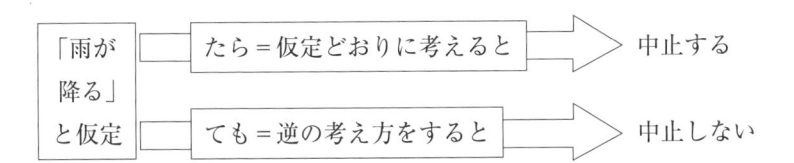

| 「雨が降る」と仮定 | たら＝仮定どおりに考えると ⇒ 中止する |
| | ても＝逆の考え方をすると ⇒ 中止しない |

ポイント　「～ても」の意味・用法１

「AてもB」は逆接の条件を表す。仮定的な条件をAで表し、予想されることとは反対のことをBで表す。

あれれ？ というときの「～ても」

考えよう

次の①②の「A ても B」の A は仮定（まだ実現していない）のことでしょうか。

① ボタンを押しても、テレビがつかない。
② 12時になっても、今日は全然眠くない。

①は実際に押した、②も実際に12時になっていますから、仮定の話ではありません。会話❷も同じで、A をしたら予想しない結果になったということですね。

ポイント 「～ても」の意味・用法2

「A ても B」はすでに成立した A から予想していなかったことが起きたことを B で表す。

49

逆接を表す

50

こんなに働いている**のに**、貯金が増えないのはどうして？

まずはここから

「○○のに」という表現を使った部分に下線を引きましょう。

A：こんなに働いているのに、貯金が増えないのはどうして？
B：給料、全然上がらないものねえ。

「〜のに」は逆接の表現です。逆接というのは前文から予想されることとは反対のことが後文に来るような関係を言います。「〜ても」「〜けれども」や「〜が」も逆接の表現。では「〜のに」が表す逆接にはどんな特徴があるでしょうか。

ポイントをおさえよう

[「〜のに」はどんなときに使う？]

次の①②の話し手の 陰の声 を考えてみましょう。

① こんなに働いているのに、貯金が増えない。

こんなに働いているんだから、貯金が＿＿＿＿＿＿

② 日曜日なのに、遊園地はガラガラだった。　○　日曜日だから、遊園地は＿＿＿＿＿＿

①は「増えるはず／増えるだろう／増えると思う」、②も「込んでいるにちがいない／込んでいると思っていた」などと考えているんじゃないでしょうか。

じゃ、どうして話し手はそう考えるんですか。

一生懸命働けば、普通はお金がたまるでしょ。また一般的に日曜日は遊園地は込むものだからです。

そうですね。陰の声はわたしたちが普通は／一般的に／経験から判断してそうだと思っていることです。「～のに」は考えられる結果とは反対の結果であるというときに使うんですね。

あなたとわたしの常識（考え方）が違えば、次の文のどちらもありえます。

昨晩、早く寝たのに、 ｛ 試験の結果はよくなかった。
　　　　　　　　　　　試験の結果はよかった。

ポイント 「～のに」の意味・用法

「AのにB」はAのことから当然予想されることとは違う状態・結果（B）を表す。

[話し手の気持ち]

> **考えよう** 次のアとイでは、どちらが話し手の残念な気持ちが感じられますか。
>
> ①デートをすっぽかされた彼の言葉
>   ア．1時間待ったけれども、彼女は来なかった。
>   イ．1時間待ったのに、彼女は来なかった。
> ②休日出勤のお父さんの言葉
>   ア．今日は日曜日だけれども、会社へ行かなければならない。
>   イ．今日は日曜日なのに、会社へ行かなければならない。

①はイのほうが「彼女が来なかったのでがっかり」という気持ちが伝わってきます。②もイは、お父さんがぶつぶつ文句を言っている感じです。

「～けれども」のほうは特に話し手の気持ちというのは感じられませんね。単に逆接の関係を示しているだけです。「～のに」はほかにも、

　　子供なのに、難しい漢字知っているねえ！
　　子供嫌いだって言っていたのに、今、幼稚園の先生だって！
　　来るなって言ったのに、どうして来たんですか。

のように「びっくり」、「予想外で驚き」、「不信・非難」など、話し手の気持ちが表れる表現だと言えます。

> **ポイント** 「～のに」が表す話し手の気持ち
>
> 「AのにB」は、Bで不満・残念・意外など、話し手のさまざまな気持ちを表す。

● もうちょっとやってみよう

[「〜のに」と「〜ても」の違いは？]

ポールさん、友達の電話番号、わかりましたか。

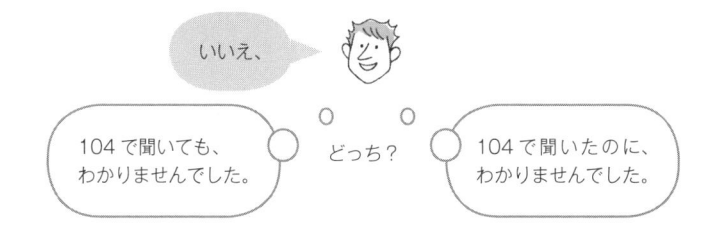

いいえ、

104で聞いても、わかりませんでした。　　どっち？　　104で聞いたのに、わかりませんでした。

「〜ても」も「〜のに」も、結果が思っていたものと違ったということを表すという点では似ています。「〜のに」には話し手の気持ちが表れているという点で「〜ても」とは違いますが、ポールさんの返事はどちらでも言うことができます。しかし、次のような場合はどうでしょうか。

　　①このガラスのコップ、すごいね。落としたのに、割れないよ。
　　②（食器売り場で）
　　　客：このコップ、ガラス製ですか。
　　　店員：はい。特殊なガラスで、落としても、割れないんですよ。

①は実際にコップを落としていますね。しかし②は実際には落としていない、「もし、落としても」という仮定の話で、これを「落としたのに」と言うことはできません。「AのにB」はAもBもすでに起きたことや実際の今の状態でなければなりません。そこが「〜ても」との違いです（参照：49課）。

> 番外編

動詞について

日本語の動詞は3つのグループに分けることができます。
グループによって活用形の作り方が異なるので、
どの動詞がどのグループなのかを知っておくことが必要です。

> 「○○ます」の「ます」の前の音を長く伸ばして言うと、「イ」か「エ」の音になります。

動詞のグループ分け

1グループ ── 「○○ます」の「ます」の前の音が五十音表の「**い列**」の音になる動詞

＜例＞ 「かきます」……「きー」(ki)……「イ」
　　　走ります、行きます、待ちます、話します

2グループ ── 「○○ます」の「ます」の前の音が五十音表の「**え列**」の音になる動詞

＜例＞ 「たべます」……「べー」(be)……「エ」
　　　開けます、立てます、閉めます、変えます

ただし「い列」でも「**2グループ**」の動詞があります。
例えば「見ます、降(お)ります、着ます、浴びます、落ちます、煮ます、似ます、借ります…」などがそうです。これらの動詞は例外のため、学習者は覚えなければなりません。

3グループ ── 「(～)します」「来ます」

＜例＞　勉強します、掃除します、結婚します、旅行します、来ます

動詞の活用形の作り方

て形・た形

●1グループの動詞

「ます」の前の音によって、5つのパターンがあります。

	ます形	て形	た形
1	きき ます	きいて	きいた
2	およぎ ます	およいで	およいだ
3	しに ます あそび ます よみ ます	しんで あそんで よんで	しんだ あそんだ よんだ
4	うたい ます たち ます とり ます	うたって たって とって	うたった たった とった
5	はなし ます	はなして	はなした

て形、た形は同じ作り方です。て形を例にとって説明すると、「ます」の前が「き」のものは「いて」、「ぎ」は「いで」、「に・び・み」は「んで」、「い・ち・り」は「って」、「し」は「して」になります。
しかし「行きます」だけは「行きて」ではなく、「行って」なので、このルールに当てはまりません。

●2グループ、3グループの動詞

「ます」を取って、「て」または「た」をつけます。

2グループ	たべます	→	たべて　たべた
3グループ	します きます	→ →	して　した きて　きた

ない形・辞書形

●1グループの動詞

「ます」の前の音を五十音表の「あ列」の音に変え、「ない」をつけたものが「ない形」、「う列」の音に変えたものが「辞書形」です。
「うたいます」のような「－い」の動詞のない形は「あ」ではなく「わ」になります。

<例>

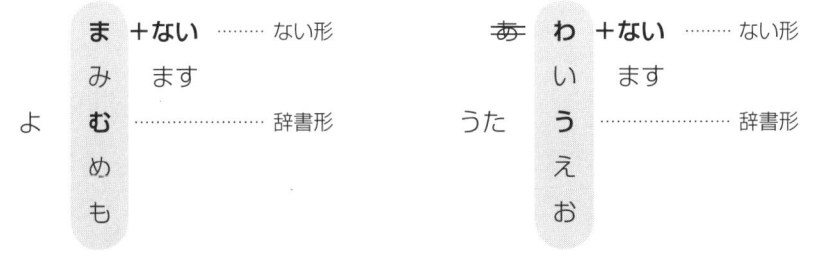

```
      ま ＋ない …… ない形          あ  わ ＋ない …… ない形
      み   ます                    い   ます
   よ む ………………… 辞書形      うた う ………………… 辞書形
      め                               え
      も                               お
```

「あります」のない形は「ない」です。

●2グループ、3グループの動詞

2グループは「ます」の代わりに、「ない形」なら「ない」、「辞書形」なら「る」をつけます。
3グループの「します」のない形は「しない」、辞書形は「する」です。「きます」はそれぞれ「こない」、「くる」になります。

2グループ	たべます ⟶ たべない たべる
3グループ	します ⟶ しない する きます ⟶ こない くる

受身の形・使役の形

●1グループの動詞

受身の形は「ます」の前の音を五十音表の「あ列」の音に変えて「れる」をつけ、使役の形は「せる」をつけます。

<例>　　よま **れる** ……… 受身の形
　　　　　　　せる ……… 使役の形

●2グループの動詞

受身の形は「ます形」の「ます」の代わりに「られる」、使役の形は「させる」をつけます。

<例>　　たべ ~~ます~~　　　　　み ~~ます~~
　　　　　　られる ……… 受身の形　　　**られる** ……… 受身の形
　　　　　　させる ……… 使役の形　　　**させる** ……… 使役の形

●3グループの動詞

「します」の受身の形は「される」、使役の形は「させる」です。「きます」の受身の形は「こられる」、使役の形は「こさせる」です。

使役受身の形

使役受身は使役の形から作ります。「～（さ）せる」の「る」をとって「られる」をつけます。

<例>　　**1グループ** ……… よま　せ　られる
　　　　　　　　　　　　　　よま　される
　　　　　2グループ ……… たべ　させ　られる
　　　　　3グループ ……… ○○　させ　られる
　　　　　　　　　　　　　　こ　させ　られる

> 1グループの動詞は「～される」の形を使うこともあります。

可能の形・意向形

●1グループの動詞

可能の形は「ます」の前の音を五十音表の「え列」の音に変えて「る」をつけ、意向形は「お列」の音に変えて「う」をつけます。

<例>　　よ　め　る　……… 可能の形
　　　　　　も　う　……… 意向形

●2グループの動詞

可能の形は「ます」の代わりに「られる」、意向形は「よう」をつけます。

<例>　　たべ ~~ます~~　　　　　み ~~ます~~
　　　　　　られる ……… 可能の形　　　　**られる** ……… 可能の形
　　　　　　よう ………… 意向形　　　　　**よう** ………… 意向形

●3グループの動詞

「します」の可能の形は「できる」、意向形は「しよう」です。「きます」の可能の形は「こられる」、意向形は「こよう」です。

ば形・命令形

●1グループの動詞

ば形は「ます」の前の音を五十音表の「え列」の音に変えて「ば」をつけ、命令形は「え列」の音に変えます。

<例>　　よ　**めば** ……… ば形
　　　　　　め ………… 命令形

● 2グループの動詞

ば形は「ます」の代わりに「れば」をつけ、命令形は「ろ」をつけます。

＜例＞　　　たべ ~~ます~~　　　　　　　み ~~ます~~
　　　　　　れば ……… ば形　　　　　**れば** ……… ば形
　　　　　　ろ ………… 命令形　　　　**ろ** ………… 命令形

● 3グループの動詞

「します」のば形は「すれば」、命令形は「しろ」です。「きます」のば形は「くれば」、命令形は「こい」です。

1 グループの動詞のまとめ

…さ　か　あ	→ない形、受身の形、使役の形
…し　き　い	
…す　く　う	→辞書形
…せ　け　え	→可能の形、ば形、命令形
…そ　こ　お	→意向形

用語解説

巻末資料

本文に出てくる文法用語の解説です。

●継続動詞と瞬間動詞

継続動詞 ——その動作をするのにある程度時間が必要な動作を表す動詞

<例> 歩く、降る、
　　　読む、食べる

瞬間動詞 ——瞬間的な動作や動きを表す動詞

<例> 立つ、死ぬ、止まる、閉まる

●他動詞と自動詞

他動詞 ——動作の対象を必要とする動詞
　　　　　　動作の対象は「〜を」で表される

<例> 〜を　食べる、洗う、見る、紹介する、使う

※「道を歩く」の「を」は動作の対象ではなく、場所を表しています。このように「を」が動作の対象を表さない場合は他動詞ではありません。

自動詞 ——動作の対象を必要としない動詞

<例> 〜を　遊ぶ、歩く、泣く、出席する、働く

●意志動詞と無意志動詞

意志動詞 ── 人が意志を持ってする、言い換えれば人の意志でコントロールできる動作、行為を表す動詞

＜例＞ 遊ぶ、旅行する、住む、並べる

無意志動詞 ── 人の意志でコントロールできない動作や動きを表す動詞

＜例＞ 降る、咲く
　　　 驚く、困る、（のどが）渇く
　　　 読める、歩ける、見える、聞こえる

●この本に出てくる動詞の活用形の名前

普通形 ── 辞書形、ない形、た形、「〜かった」の形

＜例＞ 食べる、食べない、食べた、食べなかった

意向形 ──「〜う」「〜よう」の形

＜例＞ 読もう、食べよう、結婚しよう、来よう

可能の形

＜例＞ 読める、食べられる、結婚できる、来られる

受身の形

＜例＞ 読まれる、食べられる、結婚される、来られる

ます形 ──「〜ます」の形

＜例＞ 読みます、食べます、結婚します、来ます

て形 ──「〜て」「〜で」の形

＜例＞ 読んで、食べて、結婚して、来て

た形 ──「〜た」「〜だ」の形

＜例＞ 読んだ、食べた、結婚した、来た

辞書形 ──辞書の見出し語の形

＜例＞ 読む、食べる、結婚する、来る

ない形 ──「〜ない」の形

＜例＞ 読まない、食べない、結婚しない、来ない

●い形容詞とな形容詞

い形容詞 ──あとに名詞が続くとき「〜い」の形になる形容詞

＜例＞ おいし**い**料理、おもしろ**い**映画

な形容詞 ──あとに名詞が続くとき「〜な」の形になる形容詞

＜例＞ 元気**な**子供、有名**な**歌手、きれい**な**花

巻末資料 索　引

「動」「用」はそれぞれ番外編の「動詞について」、巻末資料の「用語解説」のページを参照ください。

あ

あげる……**34**
〜あとで……**164**
アドバイス……76

い

い形容詞……用
意向形……動, 用
意志……194, 200
意志動詞……用
依頼……65, 66, 68

う

受け手……35〜37
受身(文)……**44**
受身の形……動, 用
内・外……36, 37
〜(よ)うと思う……**20**
〜(よ)うと思っている……21

か

確信……103
仮定……187, 221
可能性……85, 86, 94, 104
可能の形……動, 用
〜がほしい……**10**

か (続き)

〜かもしれない……**84**
〜から(理由)……**172**, 178
感情を表す動詞……51, 58
間接受身……46
勧誘……74
完了……119, 120

き

気遣い……66
希望……10, 140
義務……17
逆接……221, 224
強制……51
許可……52, 80

く

くれる……**34**

け

経験……135
継続動詞……用
結果の状態……111

こ

後悔……120
試み……139

〜ことができる……60
根拠……103, 173

さ

〜させられる……56
〜させる……50
誘い……73
残念……120

し

使役（文）……50
使役受身（文）……56
使役受身の形……動
使役の形……動
指示……65, 66, 74
辞書形……動, 用
自動詞……用
謝罪……120
習慣……108
瞬間動詞……用
順次動作……157, 158
順序……161
準備……123
条件……186, 192, 198, 202, 221
進行中……107, 108

す

推量……93
勧め……65, 74

せ

〜（さ）せられる……56
〜（さ）せる……50

そ

〜そうだ（伝聞）……98
〜そうだ（様態）……92
外・内……36, 37

た

〜たい……10
た形……動, 用
〜たことがある……134
他動詞……用
〜たところだ……132
〜たばかりだ……130
〜たほうがいい……76
〜ため（に）……206
〜たら……186
〜たらいい……78
〜たり〜たり……152

ち

忠告……78
直接受身……46

つ

〜つもりだ……24
〜つもりはない……26

て

〜て（順次動作）……156
〜て（付帯状況）……148
〜て（理由）……180
〜てあげる……40
〜てある……114, 124
提案……73

～ていただけませんか……**68**
～ている（結果の状態）……**110**, 116
～ている（習慣）……108
～ている（進行中）……**106**
～ておく……**122**
～てから……**160**
～てください……**64**
～てくださいませんか……**68**
～てくれる……**40**
て形……動, 用
～てしまう……**118**
～てはいけません……82
～てみる……**138**
～ても……**220**, 227
～てもいい……**80**
～てもらう……**40**, 48
伝聞……99, 100

と

～と……**198**
～ということだ……100
～と思う……**20**
～とき……**168**
～ところだ……**126**

な

ない形……動, 用
～ないつもりだ……26
～ないで……150, 158
～ないでください……66, 82
～ながら……**142**
～なくて……184
～なくてもいい……18
な形容詞……用
～なければならない……16
～なら……**202**

の

能力……61
～ので……**176**
～のに（逆接）……**224**

は

～ば……**192**
配慮……66, 90
～(た)ばかりだ……**130**
ば形……動
～はずだ……**102**
反事実……196
反復……154

ひ

必要……17

ふ

付帯状況……149, 150
普通形……用
不必要……18

へ

並行……144
変化……216

ほ

放置……123
（～が）ほしい……**10**

ま

前置き……32
〜まえに……164
〜ましょう……72
ます形……動, 用
〜ませんか……68, 72

む

無意志動詞……用

め

命令……51, 74
命令形……動
迷惑……46, 57

も

目的……206, 211

よ

〜ようだ……88

様態……93, 94
〜ようと思う……20
〜ようと思っている……21
〜ように……210
〜ようにしている……214
〜ようになる……216
容認……52
〜予定だ……24

ら・り・れ

〜(ら)れる(受身)……44
利益……41, 42, 70
理由……172, 176

ん

〜んだ……30
〜んですが……32

参考文献

庵　功雄他（2000）『初級を教える人のための日本語文法ハンドブック』スリーエーネットワーク

＿＿＿＿＿（2001）『中上級を教える人のための日本語文法ハンドブック』スリーエーネットワーク

庵　功雄（2001）『新しい日本語学入門』スリーエーネットワーク

市川保子（2005）『初級日本語文法と教え方のポイント』スリーエーネットワーク

酒入郁子他（1991）『日本語を教える④　外国人が日本語教師によくする100の質問』バベル・プレス

新屋映子他（1999）『日本語教科書の落とし穴』アルク

西口光一（2000）『基礎日本語文法教本』アルク

野田尚史（2005）『コミュニケーションのための日本語教育文法』くろしお出版

日本語駆け込み寺　http://www.nihongo2.com/
みんなの教材サイト（国際交流基金日本語国際センター）
　　http://minnanokyozai.jp/kyozai/home/ja/render.do

著者
岡本牧子
　　大阪YWCA専門学校日本語教師養成講座講師、大阪YWCA日本語教師会
　　会員
澤田幸子
　　合同会社おおぞら日本語サポート副代表、日本語教師
安田乙世
　　日本語教師、日本語教育支援グループことのは副理事長

イラスト
　　浅羽壮一郎

装丁・本文デザイン
　　宮坂佳枝

はじめて日本語を教える人のための
なっとく　知っとく　初級文型50

2009年4月30日　初版第1刷発行
2024年5月16日　第7刷発行

著　者　　岡本牧子　澤田幸子　安田乙世
発行者　　藤嵜政子
発　行　　株式会社　スリーエーネットワーク
　　　　　〒102-0083　東京都千代田区麹町3丁目4番
　　　　　　　　　　　トラスティ麹町ビル2F
　　　　　電話　営業　03(5275)2722
　　　　　　　　編集　03(5275)2725
　　　　　https://www.3anet.co.jp/
印　刷　　株式会社シナノ

ISBN978-4-88319-496-4 C0081
JASRAC 出 0901395-407

落丁・乱丁本はお取替えいたします。
本書の全部または一部を無断で複写複製（コピー）することは著作権法上
での例外を除き、禁じられています。